上海市学习型组织建设的研究与实践

主　编
庄　俭
副主编
程倍元　夏　瑛　顾晓波

科学出版社
北　京

内 容 简 介

本书主要反映了近年来上海市在学习型组织建设理论研究和实践探索中所取得的一些成果。全书分四个部分：第一部分为主题报告，对上海创建学习型组织的历史和现状进行了较系统的回顾与总结，对学习型组织创建面临的形势及今后的发展方向进行了分析与思考，并提出了相应的政策建议与可选择的行动策略；第二部分为探索实践，展示了上海各层面在学习型组织创建实践中的工作情况和主要成果；第三部分为专家观点，由不同领域的专家对学习型党组织建设、学习型高校、学习型组织创建的理论和方法进行了深入分析；第四部分为经验分享，汇集了上海市各类组织在实践中的创建经验和创建成效。

图书在版编目(CIP)数据

上海市学习型组织建设的研究与实践 / 庄俭主编. —北京：科学出版社，2018.1
ISBN 978-7-03-054765-1

Ⅰ. ①上… Ⅱ. ①庄… Ⅲ. ①教育组织机构-组织建设-研究-上海 Ⅳ. ①G526

中国版本图书馆 CIP 数据核字(2017)第 246963 号

责任编辑：朱 灵
责任印制：谭宏宇 / 封面设计：殷 靓

科学出版社 出版
北京东黄城根北街 16 号
邮政编码：100717
http://www.sciencep.com
南京展望文化发展有限公司排版
苏州越洋印刷有限公司印刷
科学出版社发行 各地新华书店经销

*

2018 年 1 月第 一 版 开本：B5(720×1000)
2018 年 1 月第一次印刷 印张：11 1/2
字数：198 000

定价：78.00 元

(如有印装质量问题，我社负责调换)

前言

Foreword

学习型组织是学习型社会的基石。自20世纪末彼得·圣吉的《第五项修炼——学习型组织的艺术与实务》引入我国以来，有关学习型组织的理论研究和实践探索如火如荼，并且正在逐步形成具有中国特色的学习型组织创建理论与实践模式，有力推进了全民学习、终身学习的学习型社会建设。

21世纪特别是中共上海市委、上海市人民政府下发《关于推进学习型社会建设的指导意见》（沪委发〔2006〕2号）以来，上海学习型组织的创建工作取得了较为显著的成绩，各类学习型组织创建的参与面和覆盖面有所扩展，创建内涵和创建模式不断丰富，学习方式和学习内容不断拓展，创建载体更加多样，组织学习的文化正逐步形成，涌现了一大批创建工作的先进典型，创造了很多鲜活经验，为构建全民学习、终身学习的学习型社会奠定了良好的社会基础和组织基础。

2016年，《上海市教育委员会等七部门关于进一步推进本市学习型社会建设的若干意见》明确提出，"到2020年，在全国率先建成全民学习、终身学习的学习型社会。""到2025年，建成具有国际影响力的学习型城市，使学习型社会建设成为支撑人和城市可持续发展的基础设施和动力引擎。"而学习型组织的创建，正是实现个人、组织和社会进步与发展的有效途径，对上海的经济社会发展具有重要的意义和作用，已经成为上海深入推进学习型城市建设的主要载体、培育各类创新主体的有效途径、实现转型发展的重要基础。“大力推进学习型党组织、学习型机关、学习型企事业单位、学习型社区的建设，增强各类组织的学习力、竞争力和创新力”正越来越成为各级政府和各类组织的共识。

但同时也应该看到，目前本市的创建工作正面临一系列新形势新情况新问题，需要以更理性的态度、更宽广的视野、更有效的策略来推进创建工作的持续深入开展。为此，自 2015 年以来，上海市教育委员会(简称上海市教委)委托上海市教育科学研究院职业与成人教育研究所，对本市推进学习型组织的创建工作开展系列研究。

本书是近两年来研究工作的集成。全书分四个部分：第一部分为主题报告，对上海创建学习型组织的历史和现状进行较系统的回顾与总结，对学习型组织创建面临的形势及今后的发展方向进行分析与思考，并提出相应的政策建议与可选择的行动策略；第二部分为探索实践，展示出上海各层面在学习型组织创建实践中的工作情况和主要成果；第三部分为专家观点，由不同领域的专家对学习型党组织建设、学习型高校、学习型组织创建的理论和方法进行深入分析；第四部分为经验分享，汇集上海市各类组织在实践中的创建经验和创建成效。期望本书的出版，能对上海未来的创建工作提供些许启示与借鉴。

编　者

2017 年 3 月

目录

Contents

第三部分 专家观点

第四部分 经验分享

第一部分　主题报告

上海市学习型组织创建和推进策略研究①

一、研究背景及意义

（一）研究背景

随着知识经济时代的来临，信息技术飞速发展，全球经济一体化加速，人力资源和知识成为主导资源和驱动力，整个世界正在经历着急剧的社会变革。在“互联网＋”时代，云计算、大数据、移动互联网、物联网成就了无限可能，经济社会各领域都被互联网化，各行业各领域都发生了翻天覆地的变化；人工智能（artificial intelligence，AI）、虚拟现实（virtval reality，VR）、增强现实（augmented reality，AR）等新技术的应用，又将处处渗透，引发新一轮的颠覆性变革；智慧地球时代迎来了电力、医疗、交通、物流、银行、教育、家居等各领域的智慧化，各类组织已经感受到了技术升级和创新的巨大压力。因此，经济社会环境变革之大、速度之快、程度之深，给各类组织的生存和发展带来巨大的挑战，如何适应错综复杂、充满变革的新世界，在变化的环境中迅速做出反应，需要组织成员的主动学习和终身学习，需要个人智商和组织智商的快速提升，需要组织的全面转型和不断创新。学习型组织建设无疑成为各类组织适应社会变革、寻求可持续发展的理想模式。

国际上，从美国学者哈钦斯 1968 年提出学习型社会理念以来，特别是 1972 年联合国教科文组织提出“向学习型社会迈进”的目标后，终身教育和终身学习从国际教育思潮逐渐转变为一场方兴未艾的国际教育运动，在联合国教科文组织、经合组织、欧洲联盟三大组织的倡导下，越来越多的国家积极响应，开展了推进学习型社会、学习型城市的实践活动。美国提出了要成为“人人学习之国”“把社会变成大课堂”的“学习型社会”②。日本提出要把大阪建成“学习型城市”，建设了学习型都市三圈：居住圈、工作圈、学习圈。新加坡提出建设“学习

---

① 本报告由上海市教科院职成教研究所提供，执笔人：胡丽亚。

② 郝克明.跨进学习型社会.北京：高等教育出版社：321.

型新加坡”“学习型政府”。

20 世纪 90 年代，一些发达国家和地区提出学习型城市概念，在经济合作与发展组织和欧盟委员会的推广下，学习型城市建设在全球范围内得到广泛关注和实践推广。2012 年，联合国教科文组织终身学习研究所成立了全球学习型城市网络。2013 年 10 月，在北京发起并主办“首届国际学习型城市大会”，发表了建设学习型城市北京宣言，提出了学习型城市建设的主要特征，并指出：“各种组织，包括私人组织和公共组织，要在迅速变化的世界中生存和发展，都需要成为学习型组织。”2015 年 9 月，在墨西哥举行的第二届全球学习型城市大会上，正式宣布联合国教科文组织全球学习型城市网络开始招募会员，北京、杭州、深圳、成都等国内城市加入该网络。目前，世界各地已有超过 1000 个城市成为或正在成为学习型城市。随着学习型社会、学习型城市建设的推进，学习型组织建设也必将越来越受重视，因为学习型组织既是推进学习型社会、学习型城市建设的重要途径，更是重要的组成细胞，无论学习型社会建设，还是学习型城市建设，学习型组织的普遍存在是其最基本的建设目标。

我国政府历来高度重视全民学习、终身学习，建设学习型社会、学习型城市和学习型组织已经成为实现“中国梦”的重要内容。2001 年 5 月，江泽民同志在亚洲太平洋经济合作组织（亚太经合组织）人力资源能力建设高峰会议上的讲话中正式提出：“构筑终身教育体系，创建学习型社会”。2002 年党的十六大和 2007 年党的十七大报告连续提出要“形成全民学习、终身学习的学习型社会”。党的十七大报告还提出了建设学习型政党的目标要求。党的十八大报告中，五处提到建设学习型执政党和学习型社会，提出要建设学习型、服务型、创新型的马克思主义执政党。2010 年，《国家中长期教育改革和发展规划纲要（2010—2020 年）》再次强调，要“广泛开展城乡社区教育、加快各类学习型组织建设，基本形成全民学习、终身学习的学习型社会”。2015 年，国际教育信息化大会召开，国家主席习近平强调指出要构建网络化、数字化、个性化、终身化的教育体系，建设“人人皆学、处处能学、时时可学”的学习型社会，培养大批创新人才。2016 年，《教育部等九部门关于进一步推进社区教育发展的意见》提出，要推动各类学习型组织与学习共同体建设。广泛开展学习型乡镇（街道）、学习型社区、学习型家庭等各类学习型组织创建活动，推动学习型城市建设。鼓励和引导社区居民自发组建形式多样的学习团队、活动小组等学习共同体，实现自我组织、自我教育、自我管理、自我服务，不断增强各类组织的凝聚力和创新力。

在中央的领导下，上海积极争当改革开放排头兵、创新发展先行者。早在 1999 年，上海在全国率先提出“完善终身教育体系，努力把上海建成适应新时代的学习型城市”的号召。2001 年，《上海教育事业“十五”计划和 2015 年规划纲要》提出“要让市民在人生不同的阶段都能获得相应的学习机会，基本建成与现代化国际大都市相匹配的‘学习型城市’”。2006 年，中共上海市委、上海市人民政府下发的《关于推进学习型社会建设的指导意见》（沪委发〔2006〕2 号）提出“到 2010 年，初步建成‘人人皆学、时时能学、处处可学’的学习型社会框架”。2010 年，《上海市中长期教育改革和发展规划纲要》提出“到 2020 年，上海要率先实现教育现代化，率先基本建成学习型社会，努力使每一个人的发展潜能得到激发，教育发展和人力资源开发水平迈入世界先进行列”。2016 年，《上海市教育委员会等七部门关于进一步推进本市学习型社会建设的若干意见》进一步明确了“到 2020 年上海要在全国率先建成全民学习、终身学习的学习型社会”目标的具体要求，并提出“到 2025 年，建成具有国际影响力的学习型城市，使学习型社会建设成为支撑人和城市可持续发展的基础设施和动力引擎”。

（二）上海建设学习型组织的意义

上海正在加快建设“四个中心”，未来 5 年，上海将基本建成经济、金融、航运、贸易四个中心，在全球大都市中的影响力稳步提升。至 2040 年，将建成卓越的全球城市，成为令人向往的创新之城、人文之城、生态之城，成为国际经济、金融、贸易、航运、科技创新中心和文化大都市。学习型组织的创建是实现个人、组织和社会进步与发展的有效途径，对上海的经济社会发展具有重要的意义和作用，已经成为上海深入推进学习型城市建设的主要载体、培育各类创新主体的有效途径、实现转型发展的重要基础。

1. 学习型组织创建是建设学习型社会的基础

学习型组织创建是学习型社会建设的主要载体，充满生机与活力的学习型组织是学习型社会的基础，学习型城市建设需要各类组织的学习化。上海市委、市政府从 1999 年开始倡导创建学习型城市，在加快学习型社会建设的进程中，通过学习型组织的目标规划、学习制度、保障体系、分类推进机制的不断完善，促进创建工作持续、稳定、有效推进，引导各类组织建立开放共享的学习系统，提升了各类人群的学习能力，增强了组织的学习力和发展力，为建设全民学习、终身学习的学习型社会奠定了坚实的基础。

2. 学习型组织创建是上海建设全球科创中心、提升城市创新能力的重要途径

面向 21 世纪中叶，当中国的经济向自主创新和对接全球创新网络升级时，创新已经成为上海城市新定位的核心内容，建设具有全球影响力的科技创新中心、实现创新驱动发展成为上海未来发展的重要战略目标，而学习型组织创建正是上海实现这一战略目标的重要途径。学习型组织强调组织学习，重视学习成果的共享与转化，注重团队智慧和组织智慧，能有效促进各类组织自主学习、自我超越、不断创新。通过学习型组织的创建，有助于普遍增强社会成员的学习力，提升各类组织的创新力，有效培育各类创新主体，为提升整个城市的创新能力奠定广泛的社会基础，使各类组织的创新力凝聚成为整个城市的强大创造力。

3. 学习型组织创建有助于促进社会管理向社会治理转型

十八届三中全会把"推进国家治理体系和治理能力现代化"作为全面深化改革的重要目标，上海作为全国改革开放的排头兵，创新社会治理、加强基层建设成为上海加快建设"四个中心"和社会主义现代化国际大都市进程中的一项基础性、全局性重要工作。如何加强基层建设、提升基层社会治理能力，促进多元主体共同参与等成为基层社会治理体系建设的关键问题。而学习型组织创建通过学习型家庭、学习型社区、学习型团队、学习型社会组织等各类学习型组织的培育和促进，能更加有效地凝聚社会成员，提升社会成员的参与意识和治理水平，拓展政府与社会成员的沟通平台，促进社会组织的发育和成长，在建立社会治理体系和实现社会治理能力现代化的过程中起着至关重要的作用。

4. 上海的实践表明了进一步深入推进创建的重要意义和发展方向

自党中央提出要形成"全民学习、终身学习的学习型社会"的战略要求以来，上海一直把创建学习型组织作为学习型社会建设的主要内容，2006 年"2 号文件"的印发，拉开了上海在全市范围内推进学习型组织创建的序幕，涌现了一批有鲜明特色的学习型机关、学习型社区、学习型企事业单位、学习型家庭。在近十年的创建过程中，上海已经取得了丰富的成果，积累了大量的成功经验，如何继承、借鉴、消化其中的精华部分，克服创建瓶颈问题，持续深入地推进创建是当前需要思考的重要问题。因此，需要结合当前形势，贯彻党的十八大精神、《教育部等七部门关于推进学习型城市建设的意见》和《上海市教育委员会等七部门关于进一步推进本市学习型社会建设的若干意见》中有关学习型组织建设的要求，根据目前学习型组织的创建现状和发展趋势，更新学习型组织建设标准，更好地发挥好导向作用，使创建的整体规划更加科学、创建目标更加明确，使创建范围进一步向文体团队、社会团体、民非组织等各类组织扩展，提升各类组织的学习力、创新力、竞争力和发展力，为构建全民学习、终身学习的学习型社会奠定良好的基础。

二、学习型组织的内涵及主要特征

(一) 学习型组织的内涵

学习型组织是 21 世纪企业组织和管理方式的创新发展，许多企业积极推进组织学习或导入学习型组织项目，以顺应组织环境变革的需要。但迄今为止，对于学习型组织尚无一个统一的界定，大家都根据自己的经验和需要，从不同的角度来理解和界定这一概念。

彼得·圣吉从系统动力学的角度认为：学习型组织是一个不断创新、进步的组织，在这种组织中，组织成员不断突破自己的能力上限，创造真心向往的结果，培养全新、前瞻而开阔的思考方式，全力实现共同的抱负，以及不断一起学习。他指出，学习型组织的建立与发展需具备五项新技术，这五项新技术称为学习型组织的五项修炼，包括自我超越、改善心智模式、建立共同愿景、团队学习和系统思考。

佩德勒(Pedler)、伯戈因(Burgoyne)、博伊德尔(Boydell)等英国学者认为学习型组织就是这样一个组织，“它便利了它的所有成员的学习，不断地使自身转型”。

利思伍德(Leithwood)、艾特肯(Aitken)等加拿大学者指出，学习型组织“是由那些在定期评估自己和定期评估共同的目标方面达成共识的人们所组成的组织，人们修正这些目标，努力发展有效的方式来实现这些目标”。

鲍尔·沃尔纳(Paul Woolner)认为：“学习型组织就是把学习者与工作系统地、持续地结合起来，以支持组织在个人、工作团队及整个组织系统这三个不同层次上的发展”。

沃特金斯和马席克认为：“学习型组织就是通过不断学习来改革组织本身的组织。学习在个人、团体、组织或组织共同体中产生。学习是持续性的，并可以战略性地加以运用的过程，而且可以统一到工作中或者跟工作同时进展。学习不仅导致知识、信念、行动的变化，还增强了组织的革新能力和成长能力。因此，我们可以把学习型组织定义为是把学习共享系统组合起来的组织”。

尽管众多学者对学习型组织有不同的理解，但从这些理解中可以发现：学习型组织是在共同愿景指引下，持续不断进行学习的组织，学习在个人、团队和组织层面广泛开展，组织的学习力、创新力、竞争力、发展力得以不断提高，最终能有效提升组织的综合绩效，实现可持续发展。

(二) 学习型组织的主要特征

关于学习型组织的特征，国内外很多学者也进行了诸多概括，比较有代表性的有如下一些观点。彼特·圣吉在《第五项修炼》中提出学习型组织需要开展五项修炼：自我超越、改善心智模式、建立共同愿景、团队学习和系统思考。美国学者罗伯特(Rowden Robert)认为，学习型组织具有四个特征：对于变化的环境始终如一的开放性、不断的计划、即兴创作的执行以及通过实践的知识。马席克、沃特金斯在《塑造学习型组织》中把学习型组织的特征概括为"7C",即持续不断地学习(continuous)、亲密合作的关系(collaborative)、建立彼此联系的网络(connected)、集体共享的观念(collective)、创新发展的精神(creative)、系统存取的方法(captured and codified)和建立能力的目的(capacity)。张声雄结合我国的国情,提出了学习型组织的六大要素:拥有终身学习的理念和机制;建有多元回馈和开放的学习系统;形成学习共享与互动的组织氛围;具有实现共同愿景的不断增长的学习力;工作学习化使成员活出生命的意义;学习工作化使组织不断创新发展。

根据各位学者对学习型组织特征的描述,可以发现学习型组织的本质特征是:具有多元、开放、共享的组织学习系统,善于激发组织成员开展个体学习、团队学习和组织学习,同时通过学习成果的运用与转化,使组织的文化、结构和功能持续不断发展与创新。具体特征主要有以下几个方面:

(1) 学习型组织要求有共同愿景。学习型组织的共同愿景是组织所有成员的共同目标和共同理想,来源于成员的个人愿景而又高于个人愿景,是个人目标和集体目标的合而为一。通过这一共同愿景把具有不同个性的个体凝聚在一起,朝着共同的目标前进,实现个人、团队及整个组织系统的共同发展。

(2) 学习是学习型组织的核心要素。在学习型组织中,学习包含着三层含义。一是持续不断的学习,由于与组织成员的生活和工作紧密结合,这种学习在任何时间、地点都会发生,因此是一个没有止境、没有界限的过程;二是它包括个人、团队和组织三个层面的学习;三是它是一种共享的学习。强调个人及团队间的互动合作,相互分享工作、生活与学习的体验,分享所得的知识和结论。

(3) 学习型组织强调学习成果的转化。学习型组织重视学习过程及结果,强调学习成果持续地、策略地转化与运用,是一种不断学习与转化的组织。其成果反映为成员思想、思维、信念、行为的提升,组织的学习力、创新力和发展力得到不断开发与提高。

(4) 学习型组织追求自主管理。自主管理是使组织成员能边工作边学习,并使工作和学习紧密结合的方法。通过自主管理,组织成员可以自己发现工作中的问题,自己选择伙伴组成团队,自己选定改革进取的目标,自己进行现状调查、原因分析,自己制定对策,自己组织实施,自己检查效果,自己评估总结。

三、上海学习型组织的创建进展

上海学习型组织的创建工作起步较早,1999 年,时任上海市市长的徐匡迪就提出了"努力把上海建成适应新时代的学习型城市"的远景规划,学习型组织的创建活动在一些企业、社区、家庭、机关等领域开始探索和实践。2001 年 6 月，上海启动“创建学习型组织”工程，当年即有全市四分之三的职工参与其中，学习型企业、学习型班组的影响力波及 50 余个区县局所辖的大小企业，涌现了宝钢、上海电信等一批“创建学习型组织”的典型。市总工会半年内开办 17 期创建学习型组织的骨干培训班，3000 名基层工会干部参加培训。《2003 年上海市教育委员会工作要点》提出，继续发展社区教育，全面推进学习型城市建设。开展创建“学习型组织”“学习型社区”“学习型城市”活动，促进终身教育体系和学习型社会的形成。2004 年起，上海积极参加全国总工会等九部委在全国开展的“创建学习型组织，争做知识型职工”活动，提高企业竞争力和职工队伍综合素质，为实施“科教兴市”主战略服务。据统计，全市有近 60%的区县局（产业）工会启动了学习型组织的创建。2006 年，中共上海市委、上海市人民政府下发《关于推进学习型社会建设的指导意见》，进一步明确学习型机关、学习型企事业单位、学习型社区（镇村）、学习型家庭的创建目标和任务。2007 年，上海召开了推进学习型社会建设大会，各类学习型组织的创建开始进入整体规划、有序推进阶段。2008 年，市学习办下发了《上海市创建学习型组织评估指标》（试行版），由市学习办牵头，市级机关工委、市总工会、市妇联、市教科院、各区县学习办等单位分工负责，每两年开展一次学习型组织评估，通过以评促建、典型示范等方式，逐步引导有关政府机关、社区、企事业单位、家庭等组织参与创建活动，扶植了一批学习型组织创建的先进单位和集体。

（一）上海学习型组织创建成效

上海通过学习型组织创建，各类组织和市民的参与面和覆盖面不断扩展，创建内涵和创建模式不断丰富，学习方式和学习内容不断拓展，创建载体日益多样，组织学习的文化正逐步形成，为构建全民学习、终身学习的学习型社会奠定了良好的组织基础、群众基础。

1. 顶层设计科学，推进方向明确

学习型组织创建之初，上海从全市层面进行了整体规划，从全局视角出发，在市级层面明确了学习型组织创建工作的组织架构、责任部门、参与范围、目标任务，四类创建牵头部门又相对独立、自成体系，在各自系统内部逐步确立了各自的创建理念、创建目标、推进机制、创建载体、评价标准等。

（1）组织架构健全，全局高度协同。建立了由市文明委领导，市学习促进委负责统筹协调，市学习促进办具体组织推进的组织架构，由市级机关工委、市总工会、各区县学习委、市妇联分别推进学习型机关、学习型企事业、学习型社区、学习型家庭四类学习型组织创建，形成了各条块分工合作、整体规划、有序推进、

全面拓展的创建格局。在区域层面，以推进学习型城区建设为核心，统筹协调各类学习型组织的创建工作。例如，2007 年，长宁区根据相关要求，在原区终身教育推进委员会的基础上重新组建了长宁区推进学习型城区建设指导委员会，由区委书记任主任、区长任第一副主任、宣传部长任常务副主任，区政府、区人大、区政协分管领导任副主任，委员会成员由区各部门主要领导组成。委员会设办公室（区学习办），由区教育局党工委书记任主任，区文明办、教育局、科委分管领导任副主任，相关工作纳入教育局工作范围，区学习办又下设了区终身教育指导服务中心，作为全区推进学习型城区建设的办事机构，在全区范围内推进了学习型党组织、学习型团组织、学习型机关、学习型企事业单位、学习型社区、学习型家庭等各类学习型组织的创建。

（2）条块相对独立，推进特色鲜明。市级机关工委、市总工会、各区县学习委、市妇联结合本系统的特点和实际工作要求制定创建计划，形成了相对独立的推进机制。学习型机关创建中普遍建立了由委办局党委（党组）统一领导、机关党委牵头协调、有关部门分工负责、基层党支部积极参与的领导体制和工作机制，提出了以学习型党组织建设为主导、推进学习型机关深入发展的思路，先后制定下发《关于深入推进学习型党组织建设五年规划》《学习型党支部建设指导意见和导向标准》，形成了学习型机关、学习型党支部、学习型党员干部联动创建的格局。市总工会在推进学习型企事业单位创建工作中，在工会系统建立了市、区、街（镇）三级学习型企事业单位创建工作领导委员会。市妇联以上海市家庭文明建设协调小组为创建协调机构，每年规划学习型家庭创建工作，在区县成立相应的创建机构，在街道、乡镇建立“创建学习型家庭工作站”“家庭读书角”以及“家庭读书社”等，并通过全市亲子俱乐部、家长学校、社区家庭文明建设指导中心等机构来为学习型家庭创建提供指导和服务。

上海市级机关党工委推进学习型机关创建的四个阶段

1. 理论研究和试点探索阶段。工委在 2003 年就提出开展学习型机关建设的任务。提出后，引起了各单位的高度重视，并在实践中探索如何推进和建设学习型机关。

2. 提出建设学习型机关阶段。印发了 2006～2010 年第一个五年规划。2006 年，工委下发《关于开展学习型机关建设的指导意见》，对 2006～2010 年五年的创建工作提出要求。2007 年、2008 年在广泛调研的基础上，推出了学习型机关的评估指标。2009 年，召开全市学习型机关创建推进大会，结合应对金融危机，提出创建工作新要求。

3. 明确建设学习型党组织阶段。2009 年党的十七届四中全会，非常明确地把学习型党组织建设作为一项战略任务后，即提出创建学习型党组织、深化学习型机关建设的工作思路，部署“创建学习型党组织、争当学习型党员”工作，并及时制定了《上海市学习型党支部创建导向标准》，引导和推动学习型党支部创建工作。2010 年提出创建学习型党组织、深化学习型机关的要求。

4. 进入全面规范创建阶段。印发了 2011～2015 年第二个五年规划。2011 年，工委印发了《关于 2011 - 2015 年深入推进学习型党组织（机关）建设的指导意见》，2012 年，提出“一支部一特色”“一支部一品牌”的创建思路，印发了《关于加强学习型党支部建设的意见》，2013 年，着眼于学习型党员队伍建设的要求，印发了《关于加强学习型党员队伍建设的意见》和《学习型党员导向标准》；深入开展了市级机关十佳学习型党员评选学习活动，选出了 10 位学习型党员的典型，拍摄了《超越——上海市级机关十佳学习型党员风采录》电视专题片，推动创建工作扎实有效展开。

（3）政策支持持续，引导创建有力。上海各层面出台的相关文件都把推进学习型组织建设作为重要内容，创建单位制定了创建规划与年度创建计划，为学习型组织的发展提供支持和保障，引导创建方向。在市级层面，市委和市政府 2006 年下发《关于推进学习型社会建设的指导意见》，明确了四类组织的创建目标和任务，并提出到 2010 年，基本形成多模式、广覆盖的学习型组织创建格局，全市三分之二的机关、企事业单位、社区（村镇）、家庭等成为学习型组织。《上海市精神文明建设“十二五”规划》和《上海市精神文明建设五年发展规划（2011—2015）》提出将创建学习型组织纳入上海市文明委表扬系列，每两年开展一次评选活动。许多街镇将学习型社区创建规划作为街镇总体发展规划的重要组成部分，并在创建制度中对经费保障、团队学习、社区教育、队伍建设等做了明确要求。2016 年，《上海市教育委员会等七部门关于进一步推进本市学习型社会建设的若干意见》明确提出，要提升学习型组织建设成效，大力推进学习型党组织、学习型机关、学习型企事业单位、学习型社区的建设，增强各类组织的学习力、竞争力和创新力；积极引导和大力推进各类社会学习组织的发展，不断创新社会学习组织形态，大力培育各类市民学习团队，试点社会团体开展学习型组织创建工作。

2. 环节把握准确，推进举措得当

（1）目标引领强化了创建的全局掌控。在推进学习型组织创建的起步阶段，市委、市政府就在《关于推进学习型社会建设的指导意见》中提出了上海学习型社会建设的整体框架，明确了创建学习型组织的总体目标和各类学习型组织的创建目标，并对四类学习型组织创建分别明确了创建的理念和要求。在这一目标的引领下，全市学习型组织创建在各层面得以广泛推进，80%以上的机关参加了创建活动，70%以上的街镇成为学习型社区创建达标单位，近30%的家庭参加了学习型家庭创建活动。

（2）科学评估强化了创建的质量保证。2008年，上海市已经制订了一套具有引导性、达标性和可操作性的学习型组织创建评估指标体系，在学习型组织核心理念的导入、学习共享平台的建设、学习管理系统的完善和学习资源支持系统的建立等方面提出了全面系统的要求。通过评估指标体系的建立，使管理部门能够对学习型组织创建的目标、方法、成效以及创建过程进行评估，使学习型组织创建方式由经验形式转向可预见、可检测的形式，引导各类学习型组织明确创建方向，提高了创建工作的科学性和有效性，提升了创建水平和质量。创建评估工作由市学习促进办牵头、协调市级机关工委宣传部、市总工会宣教部、上海市学习型社会建设服务指导中心办公室，以及各区县学习办，分别开展推荐、抽查和评估工作，加强创建工作的调研和指导。2008年，进行了机关、社区、企事业单位及家庭的四类学习型组织的首轮评估工作后，每两年开展一次评估工作，通过评估标准来引导各单位的创建工作，不断发现学习型组织创建的先进典型与成功案例，发挥示范引领作用，带动本市各类学习型组织创建工作的全面开展。《上海市精神文明建设五年发展规划(2011—2015)》还把创建学习型组织纳入上海市文明委表扬系列。

（3）队伍培训强化了创建的工作指导。创建过程中，市学习促进办加强了市级层面学习型组织创建的培训工作。同时，各推进部门也结合工作实际，强化了创建过程中的培训与指导。市学习促进办会同市级机关工委宣传部、市总工会宣教部、市学指办等职能部门分别举办学习型组织创建骨干培训班，对基层学习型组织创建单位负责人进行思想动员和业务培训，积极培训一支学习型组织建设的骨干队伍。市机关党工委充分借助系统资源广、人才多等优势，主动整合资源，组建了一支由市委党校、中国浦东干部学院、离退休干部、基层一线工作者等30名素质过硬人员组成的市级机关理论宣讲团，并通过基层调研督查、轮训培训、大规模宣讲及各类交流会与研讨会等，宣传学习型机关创建理念，交流经验做法，积极推进创建活动深入展开。

（4）课题研究强化了创建的理论指导。通过加强相关课题的研究，深入探索各类学习型组织创建的理论与实践，边创建、边研究、边总结，有效促进了创建工作进一步破解难题、创新机制、提升实效。在学习型机关创建中，不少机关单位将创建工作与单位课题招标相结合，围绕业务中的重点和难点问题开展课题研究，促进机关干部在研究中积累新知识和新成果，及时形成成果转化，应用于工作实践。市审计局围绕"学习强审"目标，鼓励各部门每年至少承担一项课题研究，深入研究审计工作的重大理论和实务技术等问题，发挥理论对实践的指导意义，有力地推进各项工作的开展。市妇联以学习型家庭创建为主题，开展了《学校、社区推进学习型家庭理论与实践研究》《不同类型学习型家庭创建模式的研究》等不同层面的调查研究和专题研讨，同时在区和街镇两个层面设立相关分课题。通过课题研究，进一步明确了学习型家庭创建以建立家庭成员的共同学习愿景、培育阅读兴趣、增进互敬互爱为目标，使得创建活动有据可依。

（5）树立典型强化了创建的示范作用。各类组织都注重及时挖掘、培育和宣传创建先进单位，发挥示范、引领和辐射作用，促进创建工作扩大参与面和社会影响力。学习型党组织创建工作中开展了市级机关"十佳学习型党员"评选，拍摄《超越——上海市级机关十佳学习型党员风采》《上海市级机关服务型党组织建设巡礼》电视宣传片，并在上海教育电视台、东方网、上海机关党建网展播，宣传先进典型，推广成功经验，推动创建工作向纵深发展。在学习型企业创建中也评选出了一批创建示范单位，通过市文明委、交流会、简报、网站等途径，推广示范单位的创建经验，扩大示范效应。通过典型示范，形成一批学习型企事业单位创建品牌。

3. 创建载体出新，成果内容丰富

在学习型机关、学习型企事业单位、学习型社区（乡镇）、学习型家庭的创建过程中，由于创建目标、创建主体和创建内涵的丰富性，各类学习型组织形成了丰富多样、各具特色的创建载体。

（1）创设特色学习平台成为创建新常态。各类组织在创建学习型组织过程中，都注重结合组织特点与工作实际建设学习新平台，拓展组织学习内容，变革组织学习形式，为组织成员创造共同学习、互相交流、共享成果的条件。例如，学习型社区建设中除了社区学校、居村委学习点，还形成了一批颇有特色的社区基层学习平台，如名家坊、乐龄讲坛、睦邻学习点、网络学习圈、村民周周会、乡村宅基课堂、百姓学习中心户等。学习型机关创建中，学习平台建设也成为各类机关单位推进创建的主要抓手，如中国浦东干部学院举办"中浦讲坛"，定期邀请国内外著名专家学者做理论热点问题解读;市规土局举办"每月一课",定期邀请一名国内外著名规划专家或领导干部做专题报告;市经信委开设"午间微讲座",主旨是微中见大、知识交流、成果共享,演讲对象主要邀请机关的处长,在专业领域有一定造诣的机关公务员,或有关方面的专家、企业家。传播的内容主要是经济和信息化领域的新思考、新认识、新见解。市第二中级人民法院举办青年法官沙龙,以学习贯彻上级会议精神为宗旨,"以当事人为本和以法官为本理念与提高司法公信力"为主题展开专题研讨。活动以干警主持和干警交流访谈互动为中心,现场采访提问。

学习型社区建设中的基层学习平台建设

社区基层的学习平台具有就近、便捷和灵活等特征,为广大居民创造了"家门口"的学习和交流空间,具有教育、健身、娱乐、休闲、社区治理等多重属性与功能,丰富了社区学习形式,拓展了社区教育的参与面。目前,上海已经建设了一批促进社区成员学习的基层学习平台,如名家坊、乐龄讲坛、睦邻学习点、网络学习圈、村民周周会、乡村宅基课堂、百姓学习中心户等。

1."名家坊"。"名家坊"是上海市徐汇区天平社区探索群众文化建设新途径的积极成果。天平社区利用社区文化人才聚居区的优势,把一批文化名人,如唐元才、尚长荣、周小燕、秦怡、陆春龄、茅善玉、陈燮阳等艺术家都吸纳为"名家坊"成员,在社区发挥作用,通过登台表演、开办讲座、指导社区群众文艺团体等方式参与社区教育活动。天平社区以"名家坊"为引领,形成了经典情怀、哈哈天地、缤纷大舞台、润余书场、知识殿堂和影视大厅六大品牌活动,涵盖了团队演出、艺术传授、精品献演及传承经典等丰富内容,充分体现出"人文天平,雅俗共享"的社区文化特色。在"名家坊"的指导下,这里涌现出一大批品牌团队和文艺协会,如合唱协会、戏曲协会、朗诵沙龙等。

2."乐龄讲坛"。静安乐龄讲坛创办于2007年2月,是静安区民政局老龄办为落实静安区政府居家养老实事工程,会同静安区教育局共同主办,上海市老年学学会参办的讲座式公益性教育平台,是本市首个将全年常规系列讲座引入老年学习的公益性专项助学项目。讲坛涵盖了健康绿色通道、人文艺术长廊、时事政治热点、养生科学园地和感悟生命系列五大板块内容。讲坛以社区老年居民为听讲对象,以满足日益增长的精神文化需求、提高生活质量为宗旨。

3."宅基课堂"。奉贤区南桥镇的"宅基课堂"创建于2009年,以农村最基本的居住群落——自然宅基为单位建设宅基课堂，是上海郊区社区教育培训活动的一种创新，对于促进郊区老年教育、提高村民素质、推进学习型社会建设都有着重要意义。目前已形成立体式、全覆盖的三级办学网络。全镇现有专职教师10名，兼职教师50名，讲师团成员64名，志愿者教师558名。社区学校全体教师分为四个宅基课堂工作联系小组，深入各村宅基课堂开展调查研究，制定教学计划。宅基课堂学习活动形式丰富多彩，都是村民喜闻乐见的学习活动，如讲授、座谈、交流、读报、文艺演出、体育活动等，为社区成员，尤其是年龄大、体弱多病的老年人提供了就近、便捷地参与学习的机会。

（2）培育组建学习团队成为创建新支点。各类组织在创建中都注重培育学习团队，为学习团队发展提供多样化的支持服务，丰富团队学习的内涵，引导组织成员自主开展团队学习，逐步形成自我管理、自主发展的组织学习机制。在学习型机关创建中，很多机关单位以处室和党支部为单元组建学习团队，建立了决策咨询小组、青年读书小组、课题研究小组、机关论坛等团队，提升团队学习力和创新力，积极为政府决策提供服务。在学习型社区创建中，很多街道以社区学校、文化中心、居村委为依托，并建立相应的保障与激励机制，来扶持和培育社区学习团队，社区中涌现出了时事宣讲类、人文素养类、健康养生类和文体娱乐类等各种类型的学习团队，成为促进社区成员自主开展学习、实现社区治理、促进社会参与的重要载体。在学习型企业事业单位创建中，很多单位主要以生产班组或科室部门组建学习团队。市总工会提出了创建学习团队、培育知识型员工的目标，建立了学习型团队的评选标准，在实践中推进了企业班组、事业单位科室的学习团队建设，引导广大职工建立终身学习的新理念，开展有组织、有实效的团队学习，提高岗位技能和学习能力，进而提升团队整体的学习力和创新力。在学习型家庭创建中，主要以家庭成员的学习需求为导向，楼组成员的共同文化情趣为基础来组建学习团队。

培育团队，搭建平台，促进机关业务工作上台阶

学习型团队的培育对于学习型机关创建具有示范引领作用，通过满足不同人群的学习需求，吸引机关成员的广泛参与，通过搭建交流共享平台，发挥团队的学习力和创造力，从而激发成员的学习动力。学习型机关创建中主要开展了三类学习型团队的建设。

一是研究型学习团队，主要为决策提供服务。市社会工作党委、市合作交流党委、市口岸办等单位由专家学者、机关领导和业务骨干组成决策咨询工作小组，定期组织课题研讨，出谋划策。

二是社团型学习团队，结合各群体的特征，开展组织学习，并让团队成员在自我管理、自我服务的过程中开展组织学习，提高组织协调和综合管理能力，提升团队学习力和创新力。市建设交通工作党委、市国资委、市委老干部局等许多单位成立青年读书小组，团市委启动“青年干部发展导航”，市社会和劳动保障局建立“青年学习型小组专家顾问团”。

三是兴趣型学习团队，较为充分地满足党员干部个性化的学习需求，达到陶冶情操、修身养性、促进工作之目的，如文学作品赏析、艺术欣赏、戏剧、体育、摄影、收藏、理财、手工艺制作等兴趣小组在机关广泛受到欢迎。

（3）打造特色品牌项目成为创建新亮点。各类组织在创建过程中能结合组织特色活动的开展来培育创建品牌项目，通过在特色活动中增加学习的元素，创新学习方式，丰富学习内涵，把原来的活动载体转化成组织成员的学习载体和学习型组织的创建载体，来吸引组织成员参加学习，共同推进学习型组织建设。由于这类创建活动借助了特色活动本来已有的影响力和参与面，可以更加广泛地宣传学习型组织创建理念，扩大组织成员的参与面，全面营造创建氛围。在学习型机关创建中，注重对传统的集体学习、政治学习进行改革，不断融入学习型组织的新内涵，推进了学习型党组织建设。市总工会在推进学习型企事业创建过程中也注重与工会的特色工作和特色活动相结合。一是注重与振兴中华读书活动相结合。各级工会在每年的读书节中营造全民读书的氛围，倡导团队学习的理念。二是与劳模示范引领相结合。通过凝练劳模的人文精神，弘扬求知、明理、成才的共同价值观，为创建工作奠定群众基础。三是与技术革新活动相结合。各级工会以“创新驱动，转型发展”为发展战略，推进“职工科技创新活动”，举办职工技术创新成果展，加快培养高技术人才和复合型技术人才，形成了“培训、练兵、比武、晋级”四位一体技能升级模式，提升职工的创新意识和创造能力，提高职工整体素质。学习型家庭创建结合了实事项目的实施，通过各类实事项目的推广，来丰富家庭学习内涵。市妇联开展了百万家庭网上行、百万家庭学法律、百万家庭学礼仪等实事项目，还组织“家庭文化节”“家庭教育宣传周”等活动，在全市层面推广家庭学习。

上海市审计局推进“创意论坛”建设学习型组织

市审计局财政审计处创办“创意论坛”，以“关注一个热点、创新一个思路、提出一条建议、落实一项措施”为目标，组织审计干部围绕工作中遇到的困难有针对性地开展研讨，并在论坛上进行交流，让大家在轻松活泼的氛围中碰撞思想火花，解决业务工作和人才培养中存在的突出问题。

作为“创意论坛”研讨交流活动的发起者，该局财政审计处是一支年轻、富有朝气的团队，全处20多人中，34岁以下的青年人就有13人，占到全处人员的近百分之五十，且年龄段集中在“80后”左右。然而，就是这样一个年轻的团队，需要扛起财政税务审计、市级部门预算执行审计这个国家审计永恒的大梁，同时还肩负着区县党政领导干部任期经济责任审计的重任。为此，该处顺势疏导，积极发挥青年人思想活跃的优点，尝试性地提出：只要你的创意能够与别人思想碰撞出“火花”，无论你是新同志、“老法师”，都能上台主讲。根据财税制度新形势新变化，“创意论坛”先后围绕非税收入审计、转移支付审计、国库集中支付审计、区县财政审计、土地开发和投资建设审计等10多个方面，开展了研讨交流，每次研讨都能够提出新的审计思路和方法，为审计实践提供了理论支撑。

“创意论坛”的策划都做到计划有内容、实施有方案、检查有指标、总结有报告。首先是研讨选题均来自审计实践，都是针对审计实践中遇到的亟待解决的实际问题开展研究；其次是课题研究的过程密切结合审计实践，注重用理论研究的阶段性成果指导审计实践，再根据审计实践对理论研究的成果进行丰富和完善，从而完成“理论—实践—理论”的升华；再次是课题研究的最终成果领先，并指导审计实践。所有的课题研究报告都有审计案例的支撑，反映了审计实践中取得的成绩、存在的问题，明确了今后的努力方向。

(4) 运用网络新媒体成为创建新动力。依托网络新媒体，学习型组织形成了多渠道的资源整合模式、多样化的学习方式、多功能的学习平台，使学习和交流打破了时间和地域界限，创新了知识共享模式，提高了组织学习的效率和效果。在各类组织的创建工作中，很多创建单位借助网络建立了单位局域网、微信公众平台、网上学习圈、微信学习群和网上论坛等，增加了学习渠道和途径，促进了学习资源、学习信息、学习成果的交流与共享。如市级机关工作委员会改版“上海机关党建网”、开设“机关党建微平台”，方便广大党员干部利用手机登录新华网、人民网、东方网等官方网站搜索中央、省市的新闻，增强了信息获取的便捷性和学习的时效性。市委组织部将党校、社科、高校等的教育资源有机整合，建立"干部在线学习城"，网上学习，网上考试，并规定完成学时和学分，实现了教育培训途径的新突破，搭建了全市干部学习的服务平台。上海海关借助网络优势开设"网上党校"，通过专家视频讲课、在线读书、专题链接、撰写体会文章、开展网上讨论等多种形式，组织机关干部学习。市商务委通过"互联网+"创新学习方式方法，充分运用微信微博、手机 APP、H5 网页等新媒体新平台，探索推出了"微读""微谈""微秀"等多样化的"微+"系列学习方式，以短、新、实的方式，增加学习教育的鲜活度和吸引力，提升党员干部的参与度和积极性。

（二）学习型组织创建存在的主要问题

1. 创建目标与组织发展目标不完全衔接

从目前来看，各类学习型组织创建工作中存在过于强调学习活动的组织和开展，忽视了学习活动的目的与提升组织发展力、创新力的关系。创建活动与组织发展目标不够一致，存在创建任务泛化、学习内容与本职工作脱节的现象，创建目标与创建单位的行业特色、中心工作和主要发展目标结合不够紧密。同时，各级领导层面对学习型组织的认识水平还存在差距，没有深刻认识知识经济时代学习型组织创建的重要性，没有意识到学习型组织创建是组织本身的一次变革，没有完全理解学习型组织创建与组织创新发展的关系，这就影响了领导者对学习型组织创建工作的整体设计和把握。创建过程中对组织发展的基本理念，创建活动所依据的愿景、核心价值观、最终目的、创建载体和方法等缺乏准确把握与科学设计，没有把学习与组织的主要业务和发展目标结合，并转化为组织的发展力和竞争力。

2. 创建内容的针对性和实效性有待增强

学习型组织创建中，虽然已经对机关、企事业、社区、家庭四类组织进行了有序的分类推进，但是由于评估标准存在趋同现象，并没能充分结合各系统各行业的要求与特色，实际创建工作仍显得针对性不足。由于组织类型复杂多样，组织的发展目标、文化环境、主要业务、发展程度各不相同，各类组织的创建目标和创建要求存在很大差异。而且，由于组织成员的文化背景、价值观念、岗位职责等不尽相同，学习动机、学习需求和学习目标各不相同，需要有多类型、多层次、多途径的学习形式。各类组织在创建中还需要进一步根据自身特点和实际需求，进一步丰富学习内容，创新学习方式，拓展学习渠道，提高创建内容的针对性、有效性和实用性。

3. 组织成员学习的主动性有待进一步激发

在各类学习型组织创建活动中，组织成员主动参与学习的内在动力尚显不足。在学习型组织创建活动中,还存在着参与群体单一、参与对象数量有限和参与程度有限等问题,组织成员仍处于被动的、从属的状态,缺乏主动参与的意识和动力。这些固然与当前创建工作仍处于面上推进阶段,学习制度、学习内容、学习形式等的设计还缺乏吸引力和针对性有关,但是今后的创建工作中如何通过营造学习氛围、完善激励机制、创新学习方式等各种方式激发组织成员的学习积极性和主动性,还需要更加深入地探索。

4. 学习型组织的参与面需要进一步拓展

上海在创建学习型组织过程中主要分四类组织来推进创建工作,即学习型机关、学习型企事业单位、学习型社区和学习型家庭。经过多年的推进,已经有相当数量的组织参与创建。但就目前来看,各类组织的推进力度还不太平衡,创建进度有差异,发展水平有高低,参与创建的组织数量和类型还比较有限。如学习型企事业单位的创建仍局限于市一级的企业单位,事业单位和区级企业单位仍较少参与创建。此外,在前阶段的创建中,民非组织、社会团体等还未被纳入推进范围。因此,创建工作可以拓展到更多类型的组织。

5. 制度性建设还不能保证学习型组织创建的持续性

学习型组织创建是一项综合系统的工作,需要有相关机制和制度建设的保障,才能实现持续创建。虽然,目前各创建单位为推进创建工作,制定了创建工作规划,建立了相应的组织机构和管理制度,但创建仍主要依赖政府自上而下的推进,依赖各创建单位领导的重视程度,很多创建工作仍然停留在实践层面,没有上升为制度保障的建立和形成长效机制。因此,需要进一步探索如何形成可持续的总体目标规划,建立相配套的阶段性规划与具体实施计划,建立相关职能部门的统筹协调机制、社会各方面力量的参与机制,以及相关学习培训制度、经费投入机制、人力资源保障机制、表彰奖励制度、学习成果转化制度等,促进各类组织深入持续地开展创建工作。

四、上海推进学习型组织创建的思路与策略

学习型组织作为学习型社会、学习型城市建设的基石,其创建工作需要继续广泛深入推进。这需要继续推进学习型机关、学习型企事业单位、学习型社区等学习型组织建设,并探索在社会团体、民办非企业单位等社会组织中推进创建,促进本市学习型组织建设不断发展,增强各类组织的学习力、竞争力和创新力。探索富有时代特色的学习型组织建设的新途径、新方法,不断深化学习型组织的创建内涵,提升学习型组织建设的成效,实现人与组织的共同发展,为建设学习型城市、培育各类创新主体、实现社会治理夯实基础。

(一) 规范组织分类,扩大创建范围

2006 年以来,上海在推进学习型组织的过程中,推进范围具有多层面、多条线的特征。从地域层面上看,上海注重了“市—区—街道”三个层面对学习型组织的推进,分别从学习型城市、学习型城区、学习型社区三个层面来推进学习型组织建设,基本实现了推进工作在地域上的全覆盖。从条线上来看,上海主要在工会、机关党工委、妇联、学习委系统中推进学习型组织创建,参与创建的组织主要有机关、企事业、社区、家庭四大类。可以说,学习型组织推进过程中由于纵横交错地广泛组织与推进,已经拓展了参与范围和覆盖面。但到现阶段,学习型组织创建的面上普及工作虽已持续多年,却仍很难激发组织本身的主动性和积极性,获得持续推进的活力,这就需要逐步引导各类组织在今后的工作中能主动、自发地继续深入探索与实践,推进工作不再仅关注覆盖面与广泛性,而是在此基础上进一步寻找到真正的着力点,明确重点推进的组织类型与推进范围,提高推进工作的针对性、实效性和创新性。

1. 精准界定学习型组织创建中组织的内涵

就组织的内涵而言,一种是广义的组织,即泛指一切人类共同活动的群体,包括家庭、家族、村社等初级群体;另一种是狭义的组织,即相对于初级群体的次级组织形式,也可称为正式组织。它是指人们为达到某种共同目标,将其行为彼此协调与联合起来的社会群体,这类组织往往满足以下特征,即特定的目标体系、成员角色化、正式而明确的规定、权威体系和科层制的管理。在上海目前推进学习型组织创建的实践中,是基于广义的组织定义来推进的,主要分为机关、企事业单位、家庭、社区四大类组织来分别推进。其中,机关、企事业单位属于正式组织,家庭和社区只是非正式组织。社区、城区、城市实质上只是一种地域社会的概念,其中承载着各类正式组织和非正式组织。在学习型组织创建的初级阶段,需要创建理念的广泛传播、创建工作的全面铺开和创建氛围的不断培育,因此,可以继续坚持从广义的组织范畴推进各类组织参与创建,但同时,也要根据正式组织和非正式组织的不同特征,分别确定合理的推进目标,选择合适的推进办法。

2. 以正式组织为重点培育创建特色

从上海市前期推进来看,学习型城市、学习型城区和学习型社区的建设内容更具综合性和系统性,实际上是在不同的范围内践行全民教育、终身学习的理念,通过完善终身学习设施、建设终身学习体系、创造多样化的学习载体和学习渠道,以实现“人人皆学、时时能学、处处可学”的目标。学习型城市、学习型城区和学习型社区都以地域为单位组织推进,本身就涵盖了地域范围内学习型企事

业、学习型机关、学习型家庭、学习型团队等学习型组织建设的内容。以地域为基础的学习型组织推进虽然内容丰富，但也容易泛化，现实中任何关于学习的内容都能作为学习型组织创建内容，而忽视了学习型组织建设主要强调的是系统思考、组织学习、组织发展等组织层面的因素。另外，在实际推进过程中，学习型社区创建往往等同于社区教育，甚至被视为同一项工作。因此，今后的学习型组织创建在各层面、各系统、各类型组织继续广泛推进的同时，还需要结合正式组织的特征，以机关、企事业单位等正式组织为重点范畴和主要着力点，加强引领和指导，探索将创建工作与组织管理、制度建设、组织文化建设等相结合，在正式组织中培育和建设一批有特色的学习型组织。

3. 有效扩大学习型组织创建范围

根据国家法律法规确定的组织机构类型，组织机构主要分为国家机关、事业单位、企业、社会组织及其他组织机构五类，其中，社会组织分为三类，即社会团体、基金会和民办非企业单位。可以看出，在前期的创建工作中，社会组织作为组织机构的一大类型，尚未纳入学习型组织创建范围。因此，在今后的创建工作中要进一步扩大学习型组织创建范围，把社会团体、民办非企业单位等社会组织纳入创建范围，尝试通过与市社会工作党委、市民政局等部门开展合作，在协会、研究会、志愿者团队等各类社会团体和民办非企业单位中推进学习型组织建设，引导这类组织开展学习型组织建设，逐步向学习型组织转化。一是要开展社会力量办学单位及社会团体创建基础调查，通过问卷调查、座谈会、实地调查等方法，了解社会力量办学单位、社会团体的学习需求、学习条件、学习现状及其参与创建的态度和可能渠道等；二是要通过开展创建培训活动，对社会力量办学单位、社会团体的负责人普及终身学习理念、学习型组织的理论和方法，引导他们转变观念，认识学习型组织创建的重要性，把创建逐步融入组织管理过程中；三是可以在试点单位逐步推进创建，在部分社会力量办学单位、社会团体中建设实验基地，先行先试，深入实践，在试点开展学习型组织创建工作，逐步探索这类组织参与创建的途径、方式、载体、机制等。

（二）完善工作体系，创新推进机制

上海学习型组织的创建工作落实了具体的推进部门，形成了各部门分工合作的推进态势，但随着体制改革深入推进，市总工会、市妇联、市级机关工作委员会等主要推进机构发生了机构设置、职能定位、工作重心的转变。2015 年，《全国总工会改革试点方案》和《上海市群团改革试点方案》出台后，上海推出“1＋3＋X”群团改革方案，开展了多管齐下、多措并举的群团组织改革，群团组织要去行政化、机关化，市总工会、市妇联等群团组织的机构设置、干部制度、管理方式、运行机制等都将发生变化。2014 年，上海市委一号课题成果《关于进一步创新社会治理加强基层建设的意见》下发后，各区县都开始推进街道体制改革，各区街道内设机构都统一调整为“6＋2”格局，6 个办公室为统一设置，即党政办公室、社区党建办公室、社区管理办公室、社区服务办公室、社区平安办公室、社区自治办公室。总工会、妇联、社区办公室都面临着机构精简、职能转变、强化服务、追求效率的变化，这些机构的职能转变必然要求简化附属职能，在学习型组织推进中发挥的作用必然受到影响。因此学习型组织的推进还需要相应调整顶层设计，加强统筹规划，创新推进机制。

1. 加强组织领导

学习型组织建设是构建学习型城市的重要基石，需要社会各界的广泛参与和支持。市学促办作为创建工作的指挥中心，要进一步整合各部门的力量，形成“政府主导、部门参与、职责明晰、协同推进”的工作机制，真正发挥好总体规划、组织管理和统筹协调的职能，使推进工作得以制度化、规范化、常态化。从全市层面出发，设计好学习型组织建设的共同愿景、总体目标和相关政策，明确各类推进部门的职责和分工，制定全市学习型组织建设的长远规划或实施意见，对全市的未来推进方向、主要任务、具体措施、实施途径进行合理规划，这样才能有目的、有计划地不断推进创建工作深入开展。

2. 优化条块结合

考虑群团改革和社区机构改革的影响，改革过去主要由市总工会、市级机关党委、市妇联、市学习办分工负责、分头推进的机制，可以尝试建立条块结合、以块为主的推进模式，试点区域推进模式。探索在市、区县、街道三个层面建立上下对口、统筹协调的管理体系，在创建理念、管理机构、运作机制、工作重点等方面能协调一致，以地域为基础建立多部门联动、合力推进学习型组织建设的机制。在区县层面，进一步探索建立健全学习办的组织机构和职能，能根据各条线的创建要求，结合本区区情，对全区的创建工作进行合理规划和整体部署，对本区各街道（乡镇）学习型组织的创建工作进行具体的指导、协调、组织和管理。在街道（乡镇）层面，有关部门要加强资源整合和总体协调职能，把促进辖区内机关、企事业单位、社会团体、家庭创建学习型组织作为学习型社区创建一项重要工作内容，整合各方资源为各类学习型组织的创建提供服务，对各类学习型组织的创建工作进行直接的指导和督促。同时，在各层面探索整合各部门的力量，如发改、财政、教育、经信、科技、农委、人社、文广、体育、民政、卫计等部门，成为推进创建的重要力量，形成多部门全方位合力推进学习型组织创建的格局。

3. 组建专家团队

通过建立市级层面的学习型组织创建工作室、咨询委员会等形式加强学习型组织的专家队伍建设，把学习型组织理论研究和实践探索中有能力、有实力、有影响力的人才吸纳进来，发挥思想库和智囊团的作用，为全市学习型组织创建提出富有针对性、前瞻性和创造性的对策建议，同时通过开展决策咨询、理论研究、指导培训等，为全市各层面学习型组织的创建提供服务与指导，不断提高学习型组织创建工作的质量和水平。

4. 建设长效机制

长效机制建设是有效推进创建的突破口和关键环节，是加大推进力度、提升推进效率、促进创建工作有序开展的关键所在。虽然目前已经有一些临时性的、阶段性的、部门性的学习型组织的创建制度，但要持续深入地推进创建，还需要在各层面逐步建立健全长效机制。主要包括：建立资源整合机制，促进各类人力、物力、财力、信息资源等资源整合，构建学习型组织创建的资源支持体系，以更好地满足组织成员的学习需求和学习型组织的创建要求；建立稳定的经费保障机制，明确创建经费来源，保障多渠道的经费投入，建立创建成本分担机制和相关的经费使用与管理制度，为创建提供有效的资金支持；建立学习激励机制，对创建学习型组织活动中涌现出来的先进典型，给予必要的精神和物质奖励，激发各类组织的创建热情和组织成员的学习动力。

(三) 完善支持服务，优化创建环境

2006 年，《关于推进学习型社会建设的指导意见》明确提出了学习型机关、学习型企事业单位、学习型社区(镇村)、学习型家庭的创建目标和主要任务。同时，在学习型组织评估标准的指引下，上海的学习型组织创建自开展以来，主要以创建目标来引领各部门创建工作，整个创建过程具有明显的目标导向特征。随着创建工作的深入推进，激发组织自主创建、拓展创建内涵、实现可持续创建成为当前的主要任务和推进方向，目标管理为主的推进模式显然已经不适应当前的创建工作要求，要进一步发挥政府的统筹协调功能和服务职能，以满足组织及其成员需求为导向，加强对各类组织创建过程的服务，为它们创建学习型组织提供政策、资源、平台、服务等各项支持，增强创建工作的吸引力，引导各类组织积极参与，持续深入地推进创建工作。

1. 增强政策扶持

学习型组织创建是一项涉及面广、内容复杂的系统工程，引导各类组织积极参与、自主创建，还需要打破一些制度和政策层面的障碍，建立和完善相关的扶持政策。例如，学习型企业创建的活动开支是否能列入企业职工教育培训经费的开支范围;学习型机关创建中能否建立严格的考学任用制度,把学习培训与岗位考核、干部选拔任用相结合;学习型党组织建设中能否优化党员学习机制和组织生活学习机制;学习型高校创建中是否能触动相应的人事制度改革,突破院系分割的人员雇佣模式等,都需要在创建过程中逐步建立和完善各层面的相应制度与政策。2016 年颁布的《上海市教育委员会等七部门关于进一步推进本市学习型社会建设的若干意见》已经指出,要大力发展工作场所教育,要推动行业、园区、企业教育培训机构的发展,鼓励各行各业自主开展各类职工职业培训,健全中小微企业培训服务平台,广泛开展企业职工岗位练兵和技能竞赛活动,并在晋升、分配等方面认可培训成果,探索建立弹性修学、完全学分、学分互认的学习新机制等。如何落实相关政策,寻求体制和制度的创新来推进学习型组织建设,也是今后需要探索的一项重要工作。

2. 丰富资源供给

丰富的学习资源是学习型组织创建的基础条件和重要支撑。如何整合场地资源、信息资源、课程资源、人力资源等,建立有效的资源共享与服务机制,为各类组织创建学习型组织提供强大的资源支持与保障,也是推进学习型组织创建的有效途径。目前从全市来看,市民的终身学习资源已越来越丰富,有图书馆、博物馆、科技馆、美术馆、文化馆等公共服务机构的资源,社区学院、社区学校、老年学校等办学资源,社区文化中心的公共文化资源,市民终身学习体基地的体验学习资源等,这些丰富的终身学习资源可以通过区或街道的平台与各类组织对接,为辖区内各类学习型组织的创建提供直接的、有效的资源支持与服务,加强特色学习项目的合作,也将有力地推进学习型组织的创建。

3. 搭建共享平台

一是通过与报纸、杂志、广播、电视、网络等大众媒介建立合作机制,建设学习型组织的宣传交流平台,为学习型组织的创建提供良好的社会氛围、多样化的展示平台和有效的经验交流平台;二是通过建设全市学习型组织创建的网站、微博、微信公众号、内部交流杂志等专门媒体,来分享学习型组织建设过程中的相关资源信息、理论知识、政策制度、实践经验、创建成果等,促进相关创建单位相互交流、互相借鉴、取长补短,共同提高创建水平和创建能力;三是通过召开现场会、开设论坛、汇编成果等方式,为创建单位提供分享经验和展示成果的平台,在全市范围内广泛宣传和推广创建优秀成果,扩大学习型组织创建的社会影响,以调动各类组织的创建积极性,提升整体创建水平。

(四) 探索项目运行,引导自主创建

近年来,上海的学习型组织创建主要通过以评促建的方式来推进,虽然实现

了创建有目标、评价有标准、表彰有依据，但也同样会产生重形式轻内容、重结果轻过程的现象，虽然已经评选出一大批学习型企事业、机关、家庭和社区，但这些学习型组织的持续发展动力明显不足，引领示范作用还比较有限，很多组织对创建工作缺乏主动性和积极性。而在目前环境下，由于以评促建已经不能作为学习型组织推进的主要手段，探索项目制推进，也将是一种新的尝试和探索。因为项目制推进可以广泛应用于各层面各部门，市、区、街道各层面都可以根据创建的主要目标和任务要求设立项目，有重点地落实和推进；各部门、各系统可以根据本系统的发展要求、重点工作和主要创建目标，有针对地设立项目，实现创建工作、组织成员学习和组织发展的真正融合；各个组织也可以根据自身的发展需要、创建基础、阶段性目标和主要问题设立相应项目，实现分步骤、分阶段、有重点地开展创建工作。项目制推进，可以有效引导各层面、各系统、各类组织自主开展创建，促进创建工作的条块结合、点面结合、上下结合，有助于调动各方开展创建的积极性和主动，

1. 搭建全市优秀项目评选和展示平台，吸引社会各方自主参与

通过搭建全市的优秀项目评选或展示平台，可以鼓励各层面、各条线、各类组织结合实际情况、创建基础和自身需求，选择切入点主动设立项目，自主确定阶段性的创建目标、创建内容和创建方法，在实践中探索多样化的创建途径和渠道，自主推进创建工作。这样，有利于调动社会各方的积极性、主动性和创造性，从多层面、多角度探索学习型组织的创建方法和创建规律，有助于形成百花齐放、丰富多样的创建成果。

2. 通过创建项目分步实现总体创建目标

以创建项目为载体，可以把学习型组织创建的总体任务进行规划，通过项目管理和项目指南的引领，有意识地分解成一个个项目逐步实施，通过各类组织主动选择、自主实践进行推进，这样既可以分阶段、分步骤实现总体创建目标，还可以促进创建总体目标和组织发展目标相结合，长远目标和阶段性任务相结合，自上而下引领和自下而上的实践探索相结合，有助于整合各方面力量，更好地实现学习型组织创建的总体目标。

3. 通过项目制推进实现学习型组织的内涵建设

经过前一轮的学习型组织创建工作，已经基本实现了面上广泛推进，今后要实现持续深入推进，还需要在创建中更加注重探索学习型组织的内涵发展。可以通过项目的形式，选择学习型组织内涵建设的主要任务作为创建主题设立项目，如可以设立学习型组织管理队伍与推进机制建设、组织内部培训体系与培训制度建设、职工图书馆建设、学习团队建设、组织文化建设、学习平台建设等主题

的创建项目，引导各类组织在某一方面深入实践，探索规律，以点上的突破引领面上的创建机制、创建制度、创建政策的不断健全与完善。

（五）发展互联网，丰富创建样式

互联网时代为学习型组织创建提供了新平台。随着信息化进程的加速，移动互联网、云计算、大数据、物联网、区块链技术等的整体升级，为学习型组织创建创新资源整合方式、学习方式、互动方式提供了新契机、新机遇、新方式。在“互联网＋”时代，学习型组织创建也要充分运用互联网信息技术，实现创新发展。

1. 创新学习载体与学习方式

通过各种网络学习平台、云课堂、云课件等的建设与开发，促进创建过程中信息共享模式、资源整合模式、学习方式、成果展示平台等的创新与拓展，促进跨地域、跨时间、跨领域的学习与交流，实现线上线下各类学习型组织的多元化发展。

2. 搭建学习型组织微信公众平台

通过搭建微信公众平台、完善相关单位的信息上报制度等，促进信息交流与成果展示，以整合各类学习型组织的学习资源、信息资源等各类相关资源，发挥信息发布、资源共享、咨询服务、交流互动等作用，使参与创建单位能共享资源、交流经验、展示成果，实现共同成长。

3. 建设学习型组织网络社群

通过开辟网络空间，吸引各类参与创建的组织或相关负责人在网上进行实名注册，在虚拟空间中把各类创建单位聚集在一起，进行实时的沟通与交流，分享创建经验、创建资源和各单位的创建动态。为各单位开展创建提供相互借鉴、相互支持的平台与空间。

（六）形成开放机制，扩大社会参与

建设学习型组织创建是一项社会系统工程，需要社会各界的积极参与和支持。通过政府的引导和鼓励，可以调动社会各方面力量的积极性，通过促进合作、合理定位、发挥优势、共同参与，为学习型组织创建提供新资源和新平台。

1. 发挥媒体作用营造创建氛围

要充分发挥主流新闻媒体的作用，利用报纸、杂志、宽带、有线电视、移动通信等各类媒体，以公益广告、专题节目、宣传专栏等形式，广泛宣传学习型组织创建的重要意义和理论内涵，创建实践中新思路、新举措和新成果，营造良好的创建氛围，使创建理念深入人心。

2. 鼓励发展创建联盟或联合会

通过这类组织的建立，把相关创建单位吸纳为会员单位，成为在创建中共享资源、相互支持、共同合作、共同发展的合作伙伴，共同促进学习型组织建设的理论探讨和实践创新。通过这一平台的建设，可以使相关单位共同参与创建目标规划，共享各类学习资源，交流创建中的先进理念、创建成果和成熟经验，提高学习型组织建设的整体水平和实力。

3. 调动民间组织参与热情

学习型组织创建中还可以充分挖掘民间潜力，发挥民间力量在学习型组织创建中的资源优势与人才优势，推进各类读书会、研究会、公益组织等各类民间组织发挥作用，共同推进学习型组织的创建，形成“政府搭台、社会多元参与、各类组织自主创建”的学习型组织创建新格局。

4. 引入社会力量建设创建新平台

当前，以网络和移动互联网为载体的新兴媒体日益成为思想、信息和资源的主要集散地，一批互动学习的网络平台日益流行，如“互动吧”“知乎”“喜马拉雅”等，学习型组织创建中，还可以通过建设合理的参与机制和激励机制，引导这类社会学习平台以合理的方式加入创建，为各类组织创建提供宣传平台和展示机会，形成社会力量自主参与创建的良好局面，丰富创建内容。

第二部分　探索实践

项目推进　部门联动　合作共赢[①]

——长宁区学习型组织创建工作的实践与思考

“学习型组织”如今是个风靡全球的词汇，什么是学习型组织？学界有多个观点，本文探讨的“学习型组织”创建工作，仅指上海市长宁区近些年创建学习型机关、学习型企事业单位、学习型家庭、学习型社区等工作。

党的第十六大把“形成全民学习、终身学习的学习型社会，促进人的全面发展”作为全面建设小康社会奋斗目标的重要内容，党的十七大再次强调建设学习型社会。创建学习型社会已成为全面建设小康社会的重要内容之一。建立学习型社会，要求社会所有组织都建成学习型组织，使学习成为每一个人的终身生活方式。创建学习型组织成为建设学习型社会的必由之路。在此背景下，长宁区2007年成立了推进学习型城区建设指导委员会，近十年来一直致力于探索推进各类学习型组织的创建。长宁区推进学习型城区建设指导委员会办公室（以下简称区学习办）投入项目经费，以项目化运作方式，通过搭建平台、整合资源、部门联动、拓宽渠道、共享信息来推进学习型组织建设，取得了一定成效。

什么是项目化运作？项目化运作模式又称项目化管理。项目化管理是所有管理中最繁复、精微的管理。它如此具有挑战性，原因就在于它是一种复合管理，要求管理者具有多种综合管理能力。项目化管理最根本的目的是如何在确保时间、技术、经费和性能指标的条件下，以尽可能高的效率完成预定目标，让所有参与相关方满意。

如何以项目化运作方式推进学习型组织建设工作？近十年，在“决策民主化、工作项目化、推进社会化”理念的指引下，长宁区围绕学习型组织创建在资源共享机制、合作协同机制、经费筹措机制、评估保障机制等方面进行了积极探索，取得了一定成效。区内学习型机关创建有拓展，学习型家庭创建显新貌，学习型企事业单位创建在进步，学习型社区创建不断提升。本文分析了长宁区以项目

① 本报告由长宁区终身教育服务指导中心提供，课题负责人：宋亦芳，执笔人：齐越。

化运作方式推进学习型组织建设实践中的做法和特点，总结了主要经验及不足之处，针对瓶颈问题，提出了对策与建议，以求学习型组织创建工作的全面提升。

一、推进过程与做法

(一) 理顺关系，完善机制，政府推动

根据上海市委《关于推进学习型社会建设的指导意见》(沪委发〔2006〕2号)精神，长宁区于2006年率先成立了长宁区终身教育推进委员会。2007年，根据相关要求，在原区终身教育推进委员会的基础上重新组建了长宁区推进学习型城区建设指导委员会，由区委书记任主任、区长任第一副主任、宣传部长任常务副主任，区政府、区人大、区政协分管领导任副主任，委员会成员由区各部门主要领导组成。委员会设办公室(区学习办)，由区教育局党工委书记任主任，区文明办、教育局、科委等分管领导任副主任，相关工作纳入教育局工作范围。2007年，在长宁区学习办下设了区终身教育指导服务中心，作为全区推进学习型城区建设的办事机构，进行实体化操作：区形成了“一头两线”的工作机制。“一头”是以区学习委为统领，“两线”：一是行政线，是以区学习办、区终身教育指导服务中心为工作协调的行政条线；一是业务线，是以区社区学院、社区学校等为业务指导的业务条线。

2012年6月，区委扩大学习办成员单位至13家，将更多的委办局单位纳入其中，力争形成完整的“统一领导、一口上下、分工负责、协调发展”的管理体制和工作机制，努力形成科学有效、健全的学习体系及社会化学习网络，建设各类学习型组织，动员社会各方广泛支持和参与学习型城区建设，使学习型组织成为学习文化培育、学习模式创新和学习主体性与创造性发挥的主要载体。根据近期长宁区委发布的文件《关于增补长宁区推进学习型城区建设指导委员会组成人员的通知》(长委〔2017〕117号)精神，区委决定增补区财政局、体育局主要领导为长宁区推进学习型城区建设指导委员会委员；增补区发改委、财政局、文化局、体育局分管领导、区社区学院党委书记为委员会办公室副主任。这一充实区学习委、区学习办领导成员的决定，是在全区学习型城区建设发展到一定阶段，区委对整个推进工作进行深入考量，并结合了终身教育的发展规律和实践做出的决策，体现了长宁区委、区府在“十三五”期间对长宁区推进学习型城区建设工作的新思考和新规划。

推进学习型城区建设工作需要全面加强协调力，要将学习型城区建设工作纳入到区域经济和社会发展战略中，实现学习型城区建设与区域各项发展事业的有效衔接。将发改委列入区学习办成员单位，有助于学习型城区建设与区域

发展同步推进。学习办在对终身教育经费进行管理过程中，涉及到终身教育经费的统筹、落实以及执行中的政策把握等具体问题，将财政局列入区学习委、学习办成员单位，能够加强我区终身教育专项经费在预算过程中的宏观指导，促进终身教育专项经费使用绩效进一步提高。从工作内容的关联性来看，学习型城区建设工作与区域文化建设及群众体育工作密切相关，近年来，学习办一直通过文化、体育培训项目共同推进区域文化建设和群众体育工作。通过此次人员增补，有利于终身教育工作与市民文化、体育工作形成协同机制，实现全面协调。此次增补了区学习办业务具体管理执行单位的负责人，有助于加强区学习办工作的执行力，提高“一头两线”工作机制的协调力，有力保障了“十三五”期间学习型城区建设工作再创新高。

（二）统筹规划，明确目标，分步实施

2007年，区委制定了《长宁区关于推进学习型城区建设的实施意见》（长委〔2007〕144号）。机构成立后，立即编制了《长宁区学习型城区建设三年行动规划（2008—2010年）》，并组织专家召开三年规划评审会，为全区的学习型城区建设工作指明了方向。区终身教育指导服务中心还制定了例会制度、经费审核制度等，规范完善创建工作会议制度、汇报制度、检查考核制度、学习制度、档案管理制度等，制定创建学习型组织评价体系。

为进一步明确推进工作的方向，在区学习委指导下，区学习办先后制定了《长宁区终身教育“十一五”发展规划》《长宁区推进学习型城区建设和终身教育“十二五”规划》《长宁区推进学习型城区建设和终身教育“十三五”规划》，明确了不同时代背景下的指导思想和任务。

《长宁区学习型城区建设三年规划（2008—2010年）》中提出长宁区学习型组织创建工作的总体规划是：围绕“精品虹桥、国际商都、智慧高地、活力城区”的区域发展方针，以长宁区创建全国文明城区为总目标，以人为本，倡导终身学习的理念，形成终身学习的生活方式，营造人人皆学、处处可学、时时能学的环境和氛围；提高居民文化素养和城区文明程度，促进人力资源强区建设。以学习者为中心，建立各级各类教育相互衔接、相互沟通，形成学习与生活统一、学校教育与社区教育互补、学历教育与继续教育衔接的终身学习格局；建设具有开放性、多样性、灵活性、便捷性特点的“覆盖区域、涵盖一生”的终身学习体系。以培育学习型组织为基础，绝大多数机关、企事业单位、社区、家庭等成为学习型组织，形成多模式、广覆盖的学习型组织创建格局，形成具有区域特征的终身学习组织文化氛围。

为实现规划总目标，长宁区着重围绕以下几个方面开展学习型组织创建工作：

(1) 推进学习型党组织建设。运用专题学习会、研讨会、课题调研等方式，加强党委(党组)中心组学习和学习型领导班子建设。发挥党校教育培训主阵地作用，健全党组织培训制度、自学制度、考核制度和学习成果转化制度。建立定期务虚研讨制度，研讨重大理论和现实问题；定期推荐学习书目，开展读书征文活动。开展领导干部与网民在线交流活动，听取群众意见和建议。

(2) 推进学习型机关建设。建立区学习型机关推进工作小组，并明确分管领导和直接负责人。机关各部门保证落实机关干部的集中学习每年不少于12个工作日，参加培训的时间每年不少于5天，自学时间为每周5小时以上，在线学习注册率、通过率达到95%以上。根据区情和机关特点组织机关报告会，每月一次，全年不少于10次，各部门组织的学习、参观活动不少于4次。试行机关干部参加集体学习、培训积分制。抓好干部专题培训和学习交流活动，引导机关工作人员在实践中掌握新知识、积累新经验、增长新本领。

(3) 推进学习型企事业单位建设。以增强自主创新和持续发展能力为核心，推动企事业单位按照学习型组织的理念创新经营和管理制度，结合技术革新、效能提高等要求，开展团队学习、岗位培训、技能竞赛、科技沙龙等活动，引导员工制定职业生涯规划，自主学习新知识、新信息、新技术、新工艺，形成崇尚学习、鼓励创新、自主发展、岗位成才的良好氛围。

(4) 推进学习型团组织建设。通过“两新”青年读书活动、青年辩论赛等活动，开展学习型团组织创建活动。以增强青年社会竞争力、培育服务城区发展的人才为重点，引导青年中心等社会组织参与建设，打造品牌项目。

(5) 推进学习型家庭建设。结合文明小区、文明楼组、文明家庭等精神文明创建，组织各种有益身心的文体活动、社会公益活动和学习交流活动，开展优秀学习家庭创建与评选活动，丰富学习型家庭创建的载体，倡导科学、文明、健康的生活方式。

(6) 推进学习型社区建设。按照相关标准，搞好每个社区学校、社区文化活动中心、老年活动室、社区阅览室、全民健身点等有关设施的建设，力争网络布局合理，硬件设施完善，为社区成员创造良好的学习条件。探索以街道(镇)党政组织为主导、职能部门负责、社会单位支持、居民积极参与的创建学习型社区长效运行机制。建设学习型社区，站在建设和谐社区的高度，从居民的内在需求出发，把着力点始终放在最大程度地动员、吸引居民参与上来。促进社区精神文明的建设。充分发挥驻区单位、居民家庭的主动性和积极性，逐步使居民主动参与到学习型社区建设之中。以华阳路街道被确定为市学习型社区试点街道为契机，积极推进全区范围内的学习型社区创建全面展开工作。

根据市学习办的有关精神，学习型社区创建申报工作，由区学习办负责。根据申报工作要求，长宁区终身教育指导服务中心代表区学习办组织开展了创建申报活动。要求各街道对照文件要求立即申报资料至区学习办，根据申报情况确定四至五个符合条件者报市学习办。学习型机关、学习型企事业单位、学习型家庭的创建申报工作分别由区机关党工委、区总工会、区妇联负责，区学习办与以上单位进行沟通，让它们按时间节点要求上报资料至市对接部门。

(三) 整合资源，投入经费，项目推进

围绕区域优势，主要以与委办局开展合作项目为载体的形式开展学习型组织创建活动，区终身教育指导服务中心派专人负责长宁区推进学习型党组织建设、学习型机关建设、学习型企事业单位建设、学习型团组织建设、学习型家庭建设、学习型社区等工作，注重发挥区属各职能部门的优势，围绕文化和人才优势，开展个性化的特色终身学习项目，根据学习项目的针对性与差异性，明确各有关部门的职责任务，培育机关、企事业单位、家庭等学习型组织，形成多模式、广覆盖的创建格局。

学习项目有针对性与差异性，组织载体要有效，全面发展，开展个性化的特色终身学习项目，整合组织资源，注重发挥区属各职能部门的优势，明确各有关部门的职责任务。组织开展学习型组织的各类申报、评比、表彰活动。区机关党工委积极探索学习型机关的创建工作，做到有计划、有活动、有评比，在 2009 年底就推出了一批学习型机关、事业单位。区妇联积极开展学习型家庭创建工作，区工会积极进行学习型企事业单位创建工作，区团委积极进行学习型团委创建工作，区科委、区文化局、区社区学院、长宁科技进修学院等积极支持各街镇创建学习型社区。

2008 年起，长宁区学习办每年有 50 万学习型组织建设专项经费，经费专款专用，用于项目合作，接受财政等相关部门的监督。加强经费的绩效管理，优化项目经费的比例结构，对每一个项目采取“方案申报—层层审批—经费支持—开展活动—绩效评估”的程序进行管理。

学习型组织建设专项经费的投入，保证了学习型组织建设项目化运作有效进行，取得了一定成果，关于对区委办局专项经费使用管理每年也有所不同：如 2011 年区机关党工委、区总工会、区妇联、区团委等与区学习办合作推进学习型城区建设项目，每个项目区学习办支持经费 4 万元至 6 万元不等，但缺少绩效反馈。2012 年继续合作，每个项目费用基本不变，增加了与区图书馆合办读书节的项目 9 万元，年底实施了区委办局系统专项经费反馈，并纳入全区终身教育项目经费绩效分析与自评。2013 年继续与机关党工委、区总工会、区妇联、区团委、区图书馆合作，每个项目支持经费仍不变，增加了与区人社局的合作项目，与区总工会合作，增加了职工学习培训费用 15 万元，并继续进行项目经费绩效分析与自评。见表 1、表 2。

表 1　2012 年区学习办与区委办局等单位合作项目一览表

项目名称	合作对象	时　间	组　织　方
关爱服务农民工法制、文化系列活动	区总工会	2012 年 4～8 月	区总工会、区文明办、区学习办
长宁青年辩论赛	团区委	2012 年 5～12 月	长宁团区委、区学习办
长宁区市民家庭讲故事比赛	区妇联	2012 年 4～12 月	区妇联、区学习办
“一年四季，助推成长”项目	区机关党工委	2012 年 5～12 月	区机关党工委、区学习办
2012 年长宁区读书节系列活动	区图书馆	2012 年 12 月	区文化局、区图书馆、区学习办

表 2　2013 年区学习办与区委办局等单位合作项目一览表

项目名称	合作对象	时　间	组　织　方
长宁青年辩论赛	团区委	2013 年 6～11 月	长宁团区委、区学习办
长宁区优秀青年律师联合会学习培训班	团区委	2013 年 5～12 月	长宁团区委、区学习办
学习型党组织创建工作暨区机关读书节	区机关党工委	2013 年 6 月	区机关党工委、区学习办
2013 年长宁区读书节系列活动	区图书馆	2013 年 3～6 月	区文化局、区图书馆、区学习办
“传承海派文化　共建美好生活”城市文化培训系列活动	区图书馆	2013 年 6～12 月	区文化局、区图书馆、区学习办
“共筑中国梦·劳动最光荣”——2013 年长宁区企事业单位职工学习培训系列活动	区总工会	2013 年 6～12 月	区总工会、区学习办

续 表

项目名称	合作对象	时 间	组 织 方
2013 年“人社讲堂”及干部学习培训	区人社局	2013 年 6～12 月	区人社局、区学习办
长宁区市民家庭讲故事比赛	区妇联	2013 年 5～12 月	区妇联、区学习办

从区委办局各单位对该年经费使用反馈中看出，都做到了“专款专用”，且取得了效果。2015 年区财政局委托第三方评估机构，对区学习办专项经费使用情况进行绩效评估，总得分为 85.35 分。该年，因财政拨付体制的改革，区学习办专项经费不能直接拨到委办局等单位，但合作项目仍在开展，区学习办继续鼓励和支持社会组织参与学习型城区创建工作，让学习成为人们的一种生活方式。

二、主要经验与成效

（一）经验体会

1. 实体操作，加强组织保证

长宁区采取“一头两线”工作模式，区层面在学习委领导下，学习办定期召开会议，统筹部署相关工作；下设办事机构——终身教育指导服务中心，具体实施整合区内资源，指导和部署各部门、街道（镇）开展工作。该模式的特点是实体化操作，在人员上和运作机制上便于统筹协调。

2. 整合利用，发挥阵地作用

加强资源整合利用，这是学习型组织建设中绕不过去的一个关键，目前长宁区推进学习型组织创建工作，整合资源主要指向还在委办局系统；区学习办统筹规划，综合利用，互利共享，尽力开发和盘活各类显性与隐性学习资源，发挥各类学习阵地作用。

3. 坚持创新，宣传深化品牌

推进学习型组织建设要以多方联手、整合资源的方式扩大教育的对象覆盖面，坚持创新，以生动活泼的方式提高吸引力，以有针对性的内容丰富学习内涵，形成项目载体，出彩且长久的项目即成为品牌，因此要根据不同的形势与不同的对象，坚持创新，效果不是立竿见影的，而是在坚持与创新过程中，通过日积月累体现出来的。

要营造氛围，宣传深化品牌，发挥区学习办系统“一网一报一书”宣传工具的作用，强化宣传效果，为学习型城区建设提供舆论支撑。区学习办以“学在数字长宁”体系引领学习型城区建设，通过“学在数字长宁”网从学习覆盖面、资源整合度、全国领先性等方面展示成效。每月的《学在数字长宁》简讯紧密结合区内学习型城区建设的重点和难点工作，着力加强宣传，在全国范围有了影响。面对宣传多途径、任务多样化、时间不定期等状况，长宁区每年规划了当年的宣传任务，以表格的方式确定宣传渠道、形式、供稿对象及截止时间，并通过例会等进行发放，使全年的宣传任务明确、进度可循并定期召开通信员会议。为加强研究工作，长宁区学习办下属的终身教育指导服务中心设立了研究室，理论研究工作常抓不懈，每年出一本探索文集。

（二）主要成效

为夯实学习型城区建设基础，为文明城区建设和社会管理创新提供支持，区学习办每年创新推进学习型城区建设的具体项目。在区学习办统筹协调下，各委办局大力推进学习型组织建设，以保持党员先进性、提高干部执政能力和综合素质为核心，创建学习型机关；以提高社区文明和谐程度、市民综合素质和满足市民精神文化生活需要为核心，创建学习型社区；以提高职工思想道德文化素质和文化技能为核心，创建学习型企事业单位；以提高家庭综合素质、生活质量和社会竞争能力为核心，创建学习型家庭。这些创建取得了一定成效。

1. 注重形式的灵活性，打造了各类品牌

区学习办以合作项目为抓手，努力创新工作载体，通过开展形式多样、各具特色的学习活动，打造了一批特色学习品牌。如区学习办与区总工会合作，打造了“职工读书节”“职工书屋”品牌，以2013年为例，区学习办与区总工会合作，投入经费15万元，开展了“共筑中国梦·劳动最光荣”——2013年长宁区企事业单位职工学习培训系列活动项目（包含“长宁区职工读书节”），深入推进“振兴中华读书活动”，以各级工会“职工书屋”为载体，培育了一批优秀职工学习园地，充分发挥了工会“大学校”作用，有效推进了本区“智慧型职工”和“学习型企事业单位”建设。

另外，区学习办与区妇联合作，连续多年开展长宁区家庭讲故事活动，并选拔优秀家庭参加上海市家庭讲故事比赛，多次获得金奖、银奖、铜奖以及优秀组织奖，出版了《寻最美家庭，倡科学家教，扬文明家风——长宁区“文明长宁＊最美家庭”讲故事比赛征文汇编》，打造了“家庭讲故事比赛”品牌。

与团区委合作，2008年起，每年举办长宁青年辩论赛，2013年，辩论赛已拓展为四区联动，范围与影响大大超越往年，2015年组队参加上海市民辩论赛，如今又不定期举办“青年辩手沙龙”，打造了“青年辩论赛”品牌等。

2. 注重内容的丰富性，提升了学习水平

区学习办非常注重合作学习项目的内容，如区学习办联合区机关党工委，打造深受机关干部喜爱、适合机关干部工作的学习项目，以学习型党组织为示范，党政工团齐抓共管、形成区机关—部门—团队三个层面人员主动参与的学习型党组织创建格局。建立了以服务为导向、以适应发展为目的的学习机制。通过机关报告会、机关读书节展演交流、学习型党组织创建评选等活动，加强学习型党组织建设推进工作，进一步提高学习的自觉性、有效性。

区学习办把社会主义核心价值体系建设与“学习型、服务型、创新型、廉洁型”机关党组织建设有机结合起来，积极推进“高雅艺术进机关”“文明礼仪进机关”“法制宣传进机关”“廉政文化进机关”。在各个层面更多地弘扬正能量、宣传好声音，不断丰富学习内容，进一步弘扬忠于职守、敬业奉献、敢于攻坚、勇于创新的精神，大力倡导勤勉务实、积极进取、廉洁从政、文明和谐的文化，营造欢乐和谐、团结拼搏、积极向上的氛围，以学习型党组织建设为引领，全面推进学习型城区建设。

2013年，区学习办与区机关党工委、区委宣传部、区文化局共同举办了“悦读经典、书香长宁”首届机关读书节，开展了“推荐一批好书”“组织一批名师讲座”“开展一次摄影大赛”“举行一次书评征文”等系列活动。

3. 注重对象的广泛性，拓展了创建项目

历年来，区学习办采取政府带动、社区和企事业单位联动的方式，不断引入学习型组织创建活动，注重对象的广泛性。例如，以“三位一体”理念，探索学习型家庭建设新模式，力图把学校教育、社区教育和家庭教育结合起来，把学习型家庭与五好文明家庭等特色家庭创建活动结合起来，设计推进学习型家庭建设的学习项目。如区学习办与区妇联连续几年联合开展了“智慧女性讲坛”“上海市民诗歌、家庭讲故事比赛活动”等多个项目。

长宁区学习办与团区委合作，以广大青年为对象，推进学习型团组织建设，以党建带团建，大力培育“学习型团组织”优秀典型，运作了长宁区“两新”青年读书会沙龙、长宁青年E学社、长宁青年辩论赛等学习活动项目，创新学习型团组织载体，同时积极动员区内两新组织参与有关的社区教育实验项目，开展多样化的、有针对性的文化活动，举办了长宁区优秀青年律师联合会学习培训系列活动。

长宁区学习办还联合区委宣传部、区精神文明办、区机关党工委、区共青团、区文化局等单位，整合原来长宁各街道举办的读书节，共同举办长宁区读书节，围绕“阅读，生活中最美好的事情”为主题，开展各类读书主题活动八十多项。闭幕式上，主办方对征文评选“优胜个人”、“书香家庭”、“读书达人”、“优秀读书团队”和杰出贡献方，进行了表彰与颁奖，并开展中华经典诵读活动，向楼宇白领代表赠送了《中华经典进社区新编》和“学习便利e学卡”。区学习办还与区人社局合作，举办“人社讲堂”及干部学习培训活动。见表2、表3。

表3　2016年区学习办与区委办局等单位合作项目一览表

项目名称	合作对象	时　间	组　织　方
长宁青年辩论赛	团区委	2016年6～12月	长宁团区委、区学习办
长宁区学子辩论赛	团区委	2016年5～12月	长宁团区委、区学习办
2016年长宁区读书节系列活动	区图书馆	2016年3～6月	区文化局、区图书馆、区学习办
2016年长宁区企事业单位职工读书节及学习培训系列活动	区总工会	2016年3～11月	区总工会、区学习办
长宁区市民家庭讲故事比赛	区妇联	2016年5～11月	区妇联、区学习办

在首届国际学习型城市大会上，长宁区作为全国具有代表性的四个城区之一，其相关建设报告编入会议材料《中国学习型城市建设发展报告集》，向国际社会进行展示。

三、思考与建议

（一）坚持理论与实践相结合，不断创新顶层设计

创建学习型组织，必须将创建工作和本区实际情况相统一，要在联系实际、解决问题、推动工作上下功夫。

长宁区学习办及操作机构刚成立时，尚能具体贯彻区委、区府、区学习委关于学习型城区建设的精神，落实有关目标和决策。但随着形势的发展，具体情况都在变化，在转变政府职能、建设服务型政府的大背景下，要达到科学、高效，确实还有一个逐步完善的过程。

目前存在的主要问题是：以教育局为主实施管理的模式，虽然易于充分运用各种教育资源，但存在区域范围的协调能力相对较弱的缺点，学习型城区建设涉及各委、办、局、各街镇，要动员方方面面的力量，教育局权威性显然还不够。另外，工作指向还没达到预定的目标，区学习办的工作重点似乎在社区教育、老年教育等，而从学习型组织建设来说，对学习型机关、学习型企业事业单位、学习型家庭等学习型组织的推进较慢，学习型社区也只偏于居民的团队。

所以，必须加强顶层设计，做好学习型城区建设的科学研究，继续强化政府在学习型城区建设的规划制定、宏观指导及统筹协调的作用。创建学习型组织本身就是一项创造性的活动，是为适应知识经济时代和竞争需要而进行的管理

创新。要不断创新，根据不同单位的情况采取不同的项目合作方式与内容，在实践的基础上，再创造出新管理方法、新的理论，这也应该是创建学习型组织的本质追求。

（二）需要加强协同整合，不断提高统筹协调能力

长宁区学习型组织创建工作主要依托区学习办牵头，多部门联动进行运作，需要不断提高学习办的整合能力和协调范围。目前，区学习办成员虽然已扩大到 17 家单位，但工作仍然受到局限，尤其在规划编制、财政政策等方面的统筹能力缺乏。

长宁区内各委办局等单位，有的已进入了学习办系统，有的进了学习办系统也是“若即若离”。对于那些还没有进入学习办系统的部门和单位，协调沟通更困难。有的相关部门负责人对学习办召集的会议重视不够，缺少约束管理机制。学习办的目标任务新、管辖的范围广、工作头绪多，要达到“人人、时时、处处”的目标，从调查现状来看，离全面高效运作、科学管理，还有相当距离。

学习型城区建设在发展，因此与区域内方方面面的沟通协调越来越重要和迫切，面越广，协调越难。为此，必须创新机制，使区学习办与各方面联系密切。这里还要从建立更符合实际有效的制度入手，寻求相关对象的利益交汇点——交集，来创新协调机制。

建议区级层面有关部门建立互通会议信息制度，避免委、办、局、街道党政一把手重要会议重叠，如利用网络（不受时空限制的方式联络）开网上会议；在设计工作项目和有关活动时，要“双赢”，要能激起有关部门的兴奋点，促使他们参与活动、协调行动。

（三）完善长效机制建设，不断扩大整体推进格局

近年来，长宁区虽然在推进学习型组织创建工作的人力和财力方面都有一定的投入，也促进了推进工作的不断发展，但主要是以政府强势推动为主，社会各方参与度有限，从未来进一步发展的要求来看，还显得不足，主要是政策上的制约比较严重。经费预算因政策限制而削减，甚至无法划拨。另外，相关领导调动频繁，具体工作人员不足，区推进学习型城区建设指导委员会领导层面会议一年才召开几次，造成推进工作迟滞，推进工作持续性不强，运作机制尚待完善。要将推进学习型组织建设工作纳入相关部门工作职责范畴中，队伍建设有待进一步充实，形成各方共同推进的长效机制。

建议经常定期召开区推进学习型城区建设指导委员会会议，成立长宁区学习型组织评估工作委员会，加强区域推进工作的全面规划，明确发展目标和任务，并列入政府工作考核内容；加强人大、政协等部门的监督力度；加强人事政策

研究，增设人员编制。改进财政拨付政策，建立与本区相适应的推进学习型组织，建设公共财政经费投入机制，包括经费拨付和增长政策，逐步形成多渠道筹措经费的投入机制，优化支出结构，建立相关政策和制度。完善合作机制、评价机制，注重评估导向和引领作用，建立奖惩分明的激励约束机制；将学习型组织创建工作纳入各级党组织主要工作日程，健全总结表彰制度，把考核结果作为文明单位评选以及基层干部提拔使用和评选先进的重要条件。

继续举行推进学习型组织的相关活动，营造终身学习氛围，切实形成党委领导、政府统筹、行业部门联动、社会协同、全民参与的整体推进格局。促进区域资源整合、优势联动，深入推进文教、体教、医教、科教、养教等结合，发挥整体效应。

学习型组织是一个随着社会发展变化而不断注入新内涵的目标，社会发展的每一个阶段都会提出新的要求，只有不断学习、创造，才能适应其变化。学无止境，建设学习型组织也无止境。因此，必须不断努力地创造一个适合人和组织发展的环境，并在这样的环境中不断地追求更高的目标，让大家对终身学习的追求同心同行，对学习型组织及学习型社会的成果同有同享！

十年求索　乘势再发[①]

——闵行区学习型企业创建工作的实践与思考

进入21世纪以来，经济全球化迅猛发展，科学技术日新月异，企业竞争激烈，竞争越来越表现为员工素质的竞争。从某种意义上来说，能否拥有一支数量充足、结构合理、素质优良的员工队伍，将成为企业生存与发展的最终决定因素。正如著名的学习型组织理论的创立者彼得·圣吉所说，企业要想在这场变革中保持持久的竞争优势，就要通过建设互动共享的学习系统，努力创建学习型企业。创建学习型企业是在当前经济进入新常态条件下企业转型升级的必然选择，是增强企事业单位创新发展能力的根本要求，对处于工业化后期向信息化带动工业化、智能化转变的上海工业企业的发展尤为重要，对推进上海市学习型社会建设具有非常重要的战略意义。

一、2006～2015年上海市学习型企业创建工作回顾

（一）上海市学习型企业创建工作概况

1. 领导重视、目标明确

2006年，上海市委、市政府为推进上海市建设全民学习、终身学习，促进人的全面发展的学习型社会，在全国率先出台《关于推进学习型社会建设的指导意见》(沪委发〔2006〕2号文件)。文件中明确指出：创建学习型企事业单位是增强企事业单位创新发展能力的根本要求。要按照现代企事业管理的要求，以提高员工职业素质、革新能力、团队精神为目标，在广大员工中倡导终身学习理念，形成工作学习化、学习工作化的氛围。结合企事业单位技术革新、效能提高等要求，立足班组、科室，普遍开展岗位培训、技能竞赛、学术沙龙、读书会等学习活动，调动广大员工更新知识、提高技能、大胆革新的积极性，激励岗位成才、自学成才。企事业单位党组织和工会、共青团、妇联要把创建学习型企事业单位作为

① 本报告由闵行区社区学院提供，执笔人：李国栋。

一项重点工作，研究制定创建方案并组织实施，推动创建活动深入持久地开展”。

2. 整合资源、合力推进

在市委、市政府的统一领导下，为全面落实《中共上海市委、上海市人民政府关于推进学习型社会建设的指导意见》，积极响应全国总工会、中央文明办等十部委深入开展“创争”活动的号召，进一步总结经验、宣传典型、发扬先进、提升上海“创争”活动的水平，为提高企业的综合竞争力和职工队伍的整体素质服务，为推动科技进步和增强自主创新能力服务，为建设学习型社会服务。由市总工会、市文明办、市发展和改革委员会、市教育委员会(市教委)、市科委、市人事局、市劳动和社会保障局、市国资委、市工商联决定开展首届上海市学习型企事业单位、学习型团队和知识型职工评选表彰活动(沪工总宣〔2006〕189号)，掀起上海市创建学习型企事业单位的序幕和高潮。

3. 组织完善、制度保障

为在全市全面推进学习型企事业单位创建工作，全市建立、市、区、街(镇)三级学习型企事业单位创建工作领导委员会。“创争”活动形成党政负责、工会推动的工作格局。有领导工作机构，有具体的工作目标，有先进的工作理念，有落实到位的工作举措；领导干部率先垂范，成为组织学习带头人。创建工作领导委员会下设办公室，负责学习型企事业单位创建宣传组织、工作落实、队伍培训、方案指导、资金保障。并且文件(沪工总宣〔2006〕189号)明确规定凡获得“上海市学习型企事业标兵单位”称号、“上海市知识型职工标兵”称号，均授予“上海市五一劳动奖章”。被评为上海市学习型企事业单位、学习型团队、知识型职工的单位、集体和个人均授予奖牌和证书；被评为“上海市知识型职工标兵”的个人除颁发证书外，并给予物质奖励，奖金数额由市总工会统一规定；在专业技术或职业资格等级评聘时可向上高聘一个等级，工资及相应的福利待遇向上作相应调整。

4. 加强指导、严格把关

各区县“创争”活动积极聘请有关专家组织专题讲座、专项指导、严格把关。各街、镇经过层层推荐、区县选拔，各区县局(产业)工会要把评选活动作为大力推进职工素质工程的重要内容来抓。结合本系统开展“创争”活动的实际情况，根据市总工会文件明确的各区县局推荐申报数和评选标准，认真地做好本次评选活动的推荐申报工作。上海市“创争”活动联席会议办公室将对所有推荐申报材料进行初评，由上海市“创争”活动联席会议领导和有关专家组成评委会，把评选的过程作为深化职工素质提升工程的过程，推进本系统创建学习型组织活动的深入发展。

5. 有序推进、成效显著

在“十一五”期间，为有序推进学习型企事业单位创建工作，市“创争”活动联席会议领导小组制定学习型企事业单位评选标准：评选对象和范围、评选项目和名额、评选要求和进度。全市各区、县有十多万家企事业单位参与学习型企事业单位创建工作。各区、县评出区级学习型企事业单位近千家。上海市每两年评选100个“上海市学习型企事业单位”、100个“上海市学习型团队”、100名“上海市知识型职工”；在此基础上推选出10个“上海市学习型企事业标兵单位”和10名“上海市知识型职工标兵”。全市涌现一大批创建学习型企事业单位，学习型团队、班组、科室、部门、项目体，跨班组、跨行业、跨区域的学习群体及知识型职工、科技人员、企事业单位管理人员、机关工作人员和外来务工人员的优秀典型。

(二) 2006～2015年闵行区学习型企业创建工作回顾

1. 闵行区企业分布概况

闵行区位于上海西南，是上海市工业品种齐全、门类丰富的现代化工业区，共有国营、民营、合资、独资等1920余家独立法人企业，有工会组织登记的各类企事业单位3000多家，见表1。

表1 闵行区各类企业分布统计表

性质	国有	集体	股合	联营	合资	私营	外资	个体	其他	港澳台
数量	260	120	130	140	161	170	300	600	518	200

注：调查时间2008年12月。

2. 闵行区学习型企业创建工作概况

“十一五”以来，闵行区区域经济经历多年高速发展，已进入产业结构和区域发展模式的转型的关键时期，现代服务业和先进制造业的兴起带动大量劳动力从传统产业向新兴产业、从低端产业向高端产业转移。为了适应与促进这种变化和转移，实现区域经济和社会的可持续发展，推进闵行区企业升级，加速提升劳动者的科学文化水平和职业技能。闵行区自“十一五”以来，不断推进学习型企业建设。基本分为“十一五”期间政府推动的“普创”阶段与“十二五”期间的自我发展阶段。在“十一五”期间闵行区全区多数企业结合本单位的特点和工作实践，制定培训计划，开展各类学习活动，将建设学习型企业与企业改革、改制紧密结合，将个人发展与团队愿景相结合。企业员工队伍的综合素质明显提高。员工学科学、学文化、学技术的积极性空前高涨，产品质量明显改善。领导者的管理意识和管理理念、管理创新、技术创新、企业安全生产、经济效益、现代化管理水平等各个方面都发生了较大的变化。

2007年起，闵行区总工会组织闵行区有关职业教育与社区教育方面的专家及有关研究人员，依据闵行区学习型企业建设评估标准，每年分别对区辖各镇、街道及局、行有工会组织登记的近3000多家各类企事业单位(接近10%的比例)推荐的近300家企业进行区级学习型企业申报评选工作。2007年，区评估组对镇、街道及局、行21家主管单位推荐的223家企业开展学习型企业建设的情况进行评估检查，评选12家闵行区学习型企业创建示范单位。

在“十二五”期间，由于金融危机及企业用工成本的提高，随着市、区、街镇工会工作重心的转移，学习型企业创建工作发生一些变化。一部分竞争能力强、管理基础工作好的企业如大金空调(上海)有限公司、南大集团、东富龙等，继续围绕员工培训与学习型团队建设为核心开展创建工作，并将该项工作逐步纳入制度化。其他大部分企业，特别是一些中小型企业苦于企业生产经营压力，创建工作进入静默自由发展阶段。

二、学习型企业创建工作主要成绩与经验

(一) 基本建立学习型企业创建工作领导体系

大多数镇、街道、局、行企业都建立了镇、街道、局、行和企业两级学习型企业创建领导组织。把创建学习型企业摆在企业发展的第一位，制定了创建规划、创建目标、实施措施等，做到领导分工，办事机构、人员、措施等落实到位。

(1) 镇、街道、局、行工会建立以主席为组长、分管主席为副组长、相关职能部门科室领导为成员的学习型企业创建工作领导小组。

(2) 各镇、街道、局、行，下属企业工会建立以企业工会主席为组长、企业人力资源部门和相关部门工作人员为组员的领导机构，负责学习型企业创建工作。

(3) 企业车间主任或部门主任协助负责开展学习型企业创建具体工作。

(二) 基本建立学习型企业创建工作指标体系

大多数企业都根据“学习型企业建设”评估标准制定了学习型企业创建工作计划。有些企业根据行业协会标准对学习型企业创建工作进行系统设计，形成较为完善的学习型企业创建工作指标体系。如浦江镇上海威克迈龙川汽车发动机零件有限公司，制定了企业内部岗位技能晋升制度，极大地促进了学习型企业创建工作；颛桥镇上海南大集团有限公司以“九部委”学习型企业创建工作指标体系为基础，结合企业实际，制订了学习型企业创建工作管理制度、会议制度、检查评比制度、档案管理制度和经费保障制度等，落实各级人员的岗位职责，推进学习型企业创建工作全面落实。

（三）企业凝聚力明显增强

大多数企业通过学习型企业创建和开展全员学习活动，积极推进企业文化建设，建立符合企业特点和核心价值观、人生观的企业行为规范。企业员工的团队精神、责任感和使命感进一步体现，员工的职业道德、行为规范和精神面貌焕然一新。企业结合创建工作整合、提炼出具有适合本企业特点的企业精神、企业文化、企业愿景，并将基层单位的团队愿景和员工的个人发展紧密结合，使企业和员工的价值趋向一致，保证企业可持续发展。一些企业将学习型企业建设与企业文化密切联系，通过编发企业内刊，定期开展学习交流活动，营造良好的企业文化。例如，上海威克迈龙川汽车发动机零件有限公司、上海华汇机电有限公司等单位均设有自己的企业简报，通过公司新闻、厂报、员工心声等栏目使企业员工关注企业发展，密切员工关系；通过开展学习型企业创建活动，企业员工流失率连续多年为零。上海讯豪置业有限公司，每年定期开展读书节活动，每年为员工推荐、发放一本好书，通过学习心得交流、学习内容测试等方式加大学习交流力度，在企业中营造了良好的学习氛围，提高了员工的综合素养。上海艾杰保温材料有限公司工会通过帮助企业员工学文化，使连自己名字都写不好的员工，能够读书写信，员工的自信心和成就感增强，员工素质普遍提高。通过开展学习型企业创建活动，员工归属感和对企业忠诚度明显提高，企业凝聚力明显增强。

（四）推进了学习型班组建设

创建学习型企业的核心是激发人们的学习力和创造力，其目的是提高企业员工的综合素质，推进企业制度创新、科技创新、经营管理创新，促进企业成为有人力资源挖掘和再造功能的持续发展的组织。一些企业从学习型班组建设入手，运用团队学习、系统思考、自我超越等新颖艺术和方法，通过学习“改善心智模式”，优化员工的心理素质和思维方式，从而确立全新的发展理念，积极投入企业改革与发展之中。如上海艾洁保温材料有限公司，班组学习时间有保障、内容统一、考核规范，运用“每周一句英语”的形式切实提高了员工学习、运用英语的能力。

（五）员工学习的积极性空前高涨

通过学习型企业创建活动，极大地推动了企业员工学科学、学技术的积极性。特别是在技术含量较高的岗位，企业通过建立学习激励机制和岗位技能制，使员工的学习成为推动企业改革、创新和发展的动力源泉。例如，上海威克迈龙川汽车发动机零件有限公司对技术人员实行培训制度化。每年制定员工职业生涯计划，将内部评定的专业技能等级与个人薪资密切联系，增强了员工的学习动力，促进了企业员工知识技能的快速更新，降低了生产成本，提高了产品档次，提升了市场竞争能力。对企业确立创新理念、提高管理水平、增强竞争力有明显的推动性。

(六) 提高了产品质量与核心竞争力

通过学习型企业创建活动,员工积极参与企业各种技能培训和岗位练兵活动。企业员工的学科学、学技术热情空前高涨,提高自身职业技能、争当生产和技术能手成为企业员工的主要追求,很多员工认识到"没有文化工作难找,没有技术工作不好"。因此积极参与企业生产过程、工艺流程、产品质量、技术改造、设备更新等方面技术革新活动,提高了产品质量与企业的竞争能力。例如,上海衡仪器厂有限公司,通过开展学习型企业创建活动,使衡仪器产品在与国外产品性能相同的情况下,价格仅为国外产品的1/3左右,成为国内衡仪器产品的领先型企业,产品质量在国内首屈一指,2007年被评为上海职工科技创新示范基地。

三、学习型企业创建工作存在的主要问题

纵观闵行区十年来(2006～2015年)学习型企业创建工作,从"十一五"期间政府推动的"普创"阶段到"十二五"期间的自我发展阶段。学习型企业创建工作取得一定的成绩,积累一些宝贵经验,但是由于国营、民营、合资、独资等不同企业的企业规模、企业效益、企业文化、企业环境、经营理念的差异,特别是"十二五"期间金融危机及企业用工成本的提高,市、区、街镇工会工作重心发生转移。在不同街、镇、企业,学习型企业创建工作发展不均衡,且不同程度的存在对学习型企业建设认识不足、企业创建投入不足、对创建工作的指导服务不足、创建指标体系不完善、创建制度措施不健全。具体表现如下。

(一) 对学习型企业建设认识不足

学习型企业创建活动应重在培育员工的主动、自觉、持续不断的积极学习精神与能力。但是从调查情况分析,有相当多的企业的学习型企业创建工作流于形式,将企业安排的被动组织学习等同为学习型企业创建活动;将工会组织的文体娱乐休闲活动等同于学习型企业创建活动,甚至有些企业缺乏对企业人力资源长远的战略思考,单纯从近期生产和成本考虑,认为开展学习型企业创建会增加企业成本,影响生产。

(二) 对学习型企业创建投入不足

学习型企业创建是提高企业人力资源品质、提高企业核心竞争力的长远战略。在创建过程中,不但企业各级领导要高度重视,企业工会积极协助,还需投入大量的人力、物力、财力,才能不断推进学习型企业创建的全面、可持续发展。从评估结果分析,相当多的企业创建工作是工会孤军作战,缺乏企业各相关部门

的支持与配合，用于学习型企业创建的经费投入也严重不足。部分外资企业受文化、政治差异的影响，拒绝参与本土化学习型企业创建活动。

（三）对创建工作的指导服务不足

通过对闵行区开展学习型企业创建过程的研究发现，绝大多数基层工会干部，对学习型企业的理论、学习型企业创建的方法、创建的内容、创建目标、创建程序及推进措施、创建激励机制都不十分了解。各镇、街道、局、行工会由于编制有限，许多工会干部身兼多职，难以对基层工会开展的学习型企业创建活动进行有效的指导和服务，况且自身对学习型企业的认识也存在一定的局限性。

（四）学习型企业创建指标体系不完善

开展学习型企业创建是一个长期复杂的工作，必须有相应的制度和措施作为保证。从评估查阅的学习型企业创建资料分析，相当多的企业缺乏配套的、操作性较强的学习型企业创建指标体系。有些企业仅有简单的学习型企业创建规划，缺乏分阶段的创建计划；有的企业有创建规划和计划，无具体实施方案和措施；有的企业有创建方案和措施，缺乏配套的激励机制，造成学习型企业创建工作流于形式。

（五）学习型企业创建的制度措施不健全

从被评估的企业创建工作分析，学习型企业创建差异很大，发展相当不平衡。有些创建工作开展较差的企业，在员工培训开发、考核使用、绩效评估、薪酬激励、职位晋升、经费投入、人力资源开发、等方面都缺乏相关制度与措施。而按照企业员工培训经费占工资总额的比例最低值的标准，员工学习经费都难以保证。工会在企业中地位不高，对学习型企业创建工作持消极观望态度等，造成了学习型企业创建工作发展滞后。

四、进一步推进学习型企业创建工作的建议与思考

《上海市教育委员会等七部门关于进一步推进本市学习型社会建设的若干意见》中都明确指出："十三五"期间要大力推进学习型企事业单位建设，增强各类组织的学习力、竞争力和创新力。推进学习型企业建设，是上海"十三五"期间"四个中心"和具有全球影响力的科创中心的建设的迫切需要，是顺应"中国制造2025"和"工业4.0"、信息化、智能化、大数据、物联网、企业升级智造、创新发展的必然选择；是提升个人和组织学习力、创造力，增强企业核心竞争力的重要举措。创建学习型企业是一项系统工程，是企业保持可持续发展的关键所在。因此，"十三五"期间继续推进学习型企业建设工作，必须从战略高度，全面构思，系统规划。具体建议如下。

(一) 加强领导　完善机构

推进学习型企业建设工作,应加强领导,完善机构。建议在市委、市政府的统一领导下,组织人社、教育、发改委、工、青、妇、财政等有关部门成立市、区、街镇创建学习型企业领导小组。定期召开创建学习型企业领导小组联席办公会议。市学习型社会建设与终身教育委员会办公室应加强创建工作组织协调、方案设计、业务指导等工作。市、区、街镇各级工会应充分发挥组织优势。各有关企业应成立创建学习型企业领导班子,并且企业的党政一把手要亲自抓,人力资源部门具体落实,工会等有关部门积极参与,形成一个强有力的组织机构。

(二) 宣传发动　营造氛围

开展学习企业创建,认识是关键。因此各级政府要特别重视宣传工作。要把宣传工作贯穿于创建工作的全过程。要充分借助广播、电视、因特网、微信(申工社)等传媒,及时传播创建学习型企业动态,开辟学习型企业专栏,创建学习型企业刊物,进一步扩大创建工作的覆盖面。各级工会组织要充分利用企业的可利用环境、工作地点、办公场所等,加大宣传工作的力度,从而形成强大的舆论宣传氛围,推动企业的建设工作。

新闻媒体要建立宣传“上海市学习型企事业单位”“上海市学习型团队”“上海市知识型职工”“上海市学习型企事业标兵单位”和“上海市知识型职工标兵”的专门栏目与频道。及时宣传创建学习型企事业单位、学习型团队、班组、科室、部门、项目体或跨班组、跨行业、跨区域的学习群体和知识型职工、科技人员、企事业单位管理人员、机关工作人员与外来务工人员的优秀典型事迹。

(三) 要搞好选点示范工作

各级政府在创建工作中,必须立足于本区域的特点和实际,扎扎实实做好创建工作。要力求稳妥,搞好选点示范工作。从开展创建工作较好的企业看,大多数街、镇都是在区域内认真选择一些有代表性的企业作为试点,经过一至两年的创建,总结出一定的经验后,再在全街、镇企业进行辐射推广。在实践过程中,要根据创建工作的进展情况,整体规划,全力组织实施,及时召开创建推进会,总结经验,查找不足,制定措施,加以深化,从而进一步探索创建工作的新路子。

(四) 培养一支学习型组织理论培训师队伍

开展学习型企业创建工作,培养一支学习型组织培训师队伍非常重要。市、区都要建立学习型组织理论培训师指导服务专业队伍,要组织建立一个专门的学习型企业理论与实践研究推进机构,开展学习型组织理论研究工作,用先进的管理理论和取得的研究成果指导学习型企业创建。各职业教育主管部门要及时组织职业院校有关教师深入基层、科室,对全体员工实施系统的培训。

各级工会要在与企业领导人、人力资源部门的协商下，根据企业的规模，精心选拔理论骨干，经过专家的培训和指导，担负起培训师的重任。各基层单位管理人员要率先示范、认真学习，并为员工创建一个良好的学习环境。

（五）建立全员学习的运行机制

建立全员学习运行机制是推进学习型企业创建工作必要的保证。因此各级工会及学习型企业创建工作指导部门，应加强指导企业做好员工职业生涯设计或员工发展规划，分类编写《中长期企业员工发展规划》。根据员工文化程度教育、技术特点和专业技术水平，分析出影响员工发展的主要因素，确定员工队伍发展目标，制定出切实可行的保证措施，强化过程控制和科学实施。

（六）制定分层的员工培训计划

在学习型企业创建工作中，各级工会及学习型企业创建工作指导部门要切实抓好三个层次人员的教育培养工作。一是抓好高层管理人员的学习，让他们通过学习党的方针政策和学习型组织理论，不断改善心智模式，强化系统思考，提高企业发展的竞争能力。二是抓好中层管理干部的学习，要全面了解现代化企业管理理念，特别是学习型组织理论，用这一先进的管理理论指导工作的实践；要认真坚持以人为本的管理思想，注重团队学习和员工个人的发挥，不断打造团队的生命共同体，树立团队智商大于个人智商的思想观念，增强团队的亲和力，使中层管理人员成为企业发展的中坚力量。三是抓好员工的教育培养。在创建学习型企业工作中，要以学习现代知识和先进技能为切入点，加快员工队伍知识更新的步伐。特别是通过学习型企业的创建，不断加强对学习型组织理论的学习，加强员工的思想道德的培养、技术素质的培养、安全知识的培养和创新意识的培养，以全面提高员工队伍的综合素质。

（七）建立和完善员工学习激励机制

创建学习型企业要与员工绩效待遇相结合，与专业学习相结合，与提高员工素质相结合。建立并形成一整套行之有效的工作制度和激励机制，这是建设学习型企业的重要保障。社保及教育有关部门要按企业培训支出，按有关政策规定及时、足额返还有关教育附加奖励经费。建立起一套比较完善的“学习＋激励”的机制，实现企业与员工“同频共振”的新局面。各企业要充分利用企业职工培训财政返还与当前“百万职工学力提升计划”的建立，完善“学习＋激励”的管理机制，形成学习—考核—使用—评价—激励的良性循环。

（八）鼓励社会组织参与学习型企业创建工作

各级政府要继续全面鼓励社会组织参与学习型企业创建工作。提高行业、园区、企业教育培训机构参与学习与学习型企业创建工作积极性。支持有条件的企业举办企业大学。鼓励各行各业自主开展各类职工职业培训，加强专业技术人员的继续教育工作。健全中小微企业培训服务平台，广泛开展企业职工岗位练兵和技能竞赛活动，并在晋升、分配等方面认可培训成果，激发员工学习积极性。鼓励各单位开展各类能力提升训练，提升从业人员的综合素质。探索建立弹性修学、完全学分、学分互认的学习新机制，推动校企深度融合培养人才。

总之，继续推进创建学习型企业工作是深入、持续全面贯彻落实《教育部等七部委关于进一步推进学习型社会建设的若干意见》的需要；是上海“十三五”期间建立学习型社会，推进学习型企事业单位建设，增强各类组织的学习力、竞争力和创新力的必然要求；是上海“十三五”期间“四个中心”和具有全球影响力的科创中心的建设的基础保证。它既是一个学习的过程，更是一个不断创新、永无止境的过程。只有政府、企业及全社会统一思想、更新观念，才能统筹发挥好政府和市场作用。既要加大政府支持，又要充分调动企业创建积极性，形成党委领导、政府统筹、教育主管、工会和社保等部门支持、社会力量参与、企业自主活动的多元一体的学习型企业创建与企业共同发展的新格局。为促进企业管理体制、运行机制、企业文化、继续教育等多方面的创新，为“中国制造”走向“优质制造”“精品制造”，使中国服务塑造新优势、迈上新台阶，促进企业的可持续发展，实现“两个一百年”奋斗目标和中华民族伟大复兴的中国梦提供坚实的人才保障。

"微"出花样　学出真章　推进学习型机关建设[①]

——市商务委"微十"系列学习方式创新案例

上海市商务委员会(以下简称市商务委)职责涵盖商贸流通、对外贸易、吸引外资和对外经济合作等多个领域，是上海国际贸易中心建设的牵头部门，对推进上海"四个中心"、科创中心和社会主义现代化国际大都市建设以及服务自贸试验区制度创新、"一带一路"、长江经济带等国家战略都肩负重要使命。

近年来，面对严峻复杂的外部经济环境和艰巨繁重的改革发展任务，市商务委坚持在实践中探索，以学习型机关建设、学习型干部培养为抓手，以党内经常性教育和各项专题活动为契机，主动了解把握学习的规律特点，创新方式方法，以党组中心组学习为引领，充分利用网络网页、微信微博等新媒体平台，将直观丰富的学习资源和内容多形式推送出去，通过体验式、交互式的参与，着力激发学习热情，提高学习实效，不断提高商务系统党员干部主动适应、把握、引领经济发展新常态，敢于担当、积极作为，推进商务领域改革创新发展，取得了明显成效。

一、问题背景

在当前机关普遍存在改革发展任务重、创新驱动挑战大的情况下，发学习资料、听辅导报告等传统"灌输式"学习方式，吸引力越来越小，参与度也不断下降，而且在时间安排上，容易出现工作与学习"撞车"的现象。在"互联网＋"时代浪潮的冲击下，传统学习方式的低参与度、低互动率以及由此带来的疲惫感、懈怠感尤为明显。在互联网语境里，人们的学习环境、学习方式发生了深刻变化。自我学习、快速搜索引擎、广泛涉猎知识等变得更加便捷、高效；在社交网络里，每个人都可以成为知识的生产者和传播者，个人的参与度和创造性被有效地激发，不同个体乃至群体之间的互动效率也大大提高。人们的大量时间与精力被互联网"瓜分"和"挤占"，要推进学习型机关建设、打造学习型政府、培养学习型干部，

① 本报告由上海市商务委提供，课题组成员：尚玉英、石小平、郑瑞，执笔人：郑瑞。

传统学习方式必须思变，必须善用"互联网＋"创新学习方式方法，以线上线下相结合的方式，引导广大党员干部"随时、随地、随心"地自主学习、深入学习，做到学用结合、知行合一。

二、创建措施

近年来，市商务委经过不断探索实践，充分运用微信微博、手机APP、H5网页等新媒体新平台，在推进学习型机关建设、培养学习型干部，特别是"三严三实"专题教育、"两学一做"学习教育过程中，创新学习方式方法，提出"微读""微谈""微show"的"三微"工作法，并延伸出"微＋"系列，以短、新、实的方式，增加学习教育的鲜活度和吸引力，提升党员干部的参与度和积极性，深入学习贯彻习近平总书记系列重要讲话精神，主动适应经济发展新常态，持续推进全面从严治党、锻造商务"铁军"与商务领域改革创新发展有机融合。

（一）微读：快乐学习、时时学习

在OA系统和"上海商务"等多个微信公众号开设学习专栏，通过原文摘录、微信长图等形式，将《党章》《准则》《条例》和习近平系列重要讲话摘编等必读书目、必读篇章，分批进行推送，并定期进行系统回顾，使党员能日日学习、周周温习；依托手机短信平台和"网上图书馆"建设，定期向各党支部和广大党员干部发送手机报、电子书；开展"为你读党章"活动，鼓励青年党员研读原文原著、录制音频，在微信群进行交流并择优刻录成光盘，为不方便阅读的老党员"送学上门"。同时，坚持每月至少组织一次党组中心组（扩大）学习交流会，邀请专家学者、企业高管、优秀共产党员、业务骨干等对象，为党组中心组及机关处室、直属事业单位负责人做形势分析、专题辅导，会上委领导带头交流发言，会后各处室、直属事业单位负责人第一时间通过处务会或处室（单位）微信群等形式传达会议精神和学习内容，直属机关党委等部门通过在OA网、微信群、微信公众号等平台发布信息的形式广泛宣传，充分发挥了党组中心组学习的"风向标"和"排头兵"作用，有效激发了各处室、直属事业单位和广大党员干部自觉学习、经常学习的思想自觉和行为自觉。在"网上图书馆""为你读党章"等主题活动中，广大党员干部主动分享、积极参与，有的同志主动在群内推荐好文好书，有的同志经常交流书评或读书感悟，有的同志及时分享培训课件，还有的同志在周末等休息时间会在群内发布一些读书、学习的图文信息，等等。线上的交流互动，既有效激发了广大党员干部的学习热情和自觉，培养和提高了其学习力，充分利用了碎片化时间，又增进了党员干部彼此之间工作之余、业务之外的了解，促成了午间茶话会、青年读书会等兴趣小组的成立和推广。

(二)微谈:交流分享、互动合作

在日常工作和各项学习教育中,市商务委委领导和处级党员领导干部带头结合自身实际讲党课、谈体会,直属机关党委等部门总是第一时间编撰图文信息,通过OA网、微信公众号、微信群、官网等形式进行发布,引导广大党员干部进行深入思考、交流互动。"两学一做"学习教育伊始,更是创设了"学、研、讲、访+主题活动+其他"的"4+1+X"系列活动,鼓励各党支部由党支部书记、党建联络员带头发起,结合"入党那一天""说说我身边的共产党员"等征文活动和业务工作开展情况,引导广大党员通过语音群聊、线上"微访谈"等形式,谈心得、讲体会,找不足、提建议,在交流中找回入党初心,向身边优秀看齐。在处长微信群、党建联络员群等平台,每周至少组织一次线上交流活动,及时跟进各党支部结合工作实际推进学习教育的情况,总结经验做法,回应支部需求,不断提高学习教育的针对性和实效性。结合"服务基层、服务企业、服务民生"的"三服务"等工作,引导各处室主动开门"借智",通过线下深入企业和各区走访调研及线上交流互动、跟踪督办等形式,着力提高商务系统党员干部盘活存量资源、整合多元力量推动发展的意识和能力,激发商务干部敢于担当、攻坚克难的干劲和热情。例如,国际服务贸易处主动向企业高管、高校专家学者等"借脑",定期开展"服贸大智汇"系列论坛和"创新企业家校园行"等活动,邀请专家学者解读专业知识及行业发展态势,邀请企业高管为创业大学生介绍经验、答疑释惑,并通过微信实时播报、定期编撰简报等形式,广泛交流学习,积极搭建平台,助推企业之间、校企之间有效对接,互利多赢。而市场体系建设处则围绕长三角区域市场一体化建设,建立了"长三角市场一体化"微信群,打破行政区划分割,将商务部相关司局、苏浙皖赣沪四省一市商务部门领导、职能部门负责人和联络员等吸纳在群里,通过线上线下反复商议、即时交流互动,确定了区域合作思路和物流标准化、农产品流通、商品市场转型升级、打击侵权假冒等方面的工作措施,推进了区域大市场建设有序开展。

(三)微show:新颖活泼、全员参与

鼓励广大党员特别是青年党员利用秒拍、imove、初页等手机APP和其他视频、图片处理软件,将本部门(单位)及党员个人学习党章党规、系列讲话、岗位建功、志愿服务的情况,以随手拍、微视频、图片集等形式,及时通过微信朋友圈、微信群、OA系统等平台进行播报、转发,增加学习传播的趣味性和覆盖率。各党支部在开展红色教育基地现场学习、党建联建、联学联议等活动时,党建联络员在党建微信群内进行实时播报,为留守值班人员和其他党支部的学习提供帮助。定期对各党支部学习教育情况进行总结展示,对形式新颖、成效明显的活动,党员领导干部带头点赞、积极转发，努力营造“比、学、赶、超”的氛围。直属机关党委带头利用H5、APP等平台，自制图文并茂、视音频兼备、人机交互的各类微信500多条，平均每条微信在商务处长群、党务干部“党务先锋”群、党建联络员群及各处室(单位)群等微信群转发5～10次，为各处室(单位)贯彻落实各项工作要求、对标找差、比学赶超提供了参考，树立了标杆。此外，充分发掘商务青年多才多艺的特点，在2015—2016“五四两优”表彰会上，安排“青年TALK客秀”环节。在为获奖青年集体、个人颁奖，和商务青年代表分享岗位成长故事的同时，通过电子大屏幕弹幕互动的形式，市商务委党组书记、主任尚玉英等委领导和团市委领导带头点赞、线上互动。“商务青年好样的!”“加油!!”“大赞”“GOGOGO～”“颜值高，干劲足，能力强”“赞一个，比前面的更像脱口秀台风!”……台上青年代表讲得起劲，台下机关事业领导干部和区商务部门及企业代表听得乐不可支、频频手动点赞，形式新颖的弹幕互动环节，让活动现场气氛活泼热烈、交流互动深入人心。

(四)“微+”：微出新意、加出实效

微读、微谈、微show的“三微”工作法推行后，取得了出乎意料的高参与度和高认可率，在工作实践中迅速延伸出“微调研”“微服务”等“微+”系列，使得学习与中心工作、业务工作的契合度越来越高。引导广大党员干部特别是骨干力量开展“微+调研”系列活动，每年年初分类设置“菜单式”微型课题，通过线下认领、线上交流等形式，围绕专项工作、重点任务、党的建设等内容开展微型调研，结合实际进行商务领域改革创新的系统性、前瞻性思考和研究。结合近年来市商务委推进的“服务基层、服务企业、服务民生”的“三服务”工作，普遍开展了“微+服务”活动。在主动深入一线走访调研，面对面问需、点对点指导，梳理问题清单的同时，紧跟新媒体潮流，率先开设“上海商务”“走出去服务港”“上海消费总动员”等微信公众号，发起“上海电商直通车”“外资业务交流”等多个微信群，探索创新“线上表达”“线下服务”新实践，在全委掀起一股“转变职能，服务入‘微’”的热潮。例如，为推动电子商务这一新兴行业健康发展，为本市电子商务企业搭建企业与相关部门之间、企业与企业之间相互沟通交流、信息传递、问题解决的综合性服务平台，市商务委党组书记、主任尚玉英挂帅，分管委领导牵头，电子商务处等处室负责，吸引成立了国务院研究室、中央网信办、中央政策研究室、商务部相关司局等10多个中央部门和市委办、市发展和改革委员会等30余个上海市市级委办局、以本市近300家重点电子商务企业主要负责人为主体的“上海电商直通车”。市商务委领导和相关处室工作人员在加强电子商务、国内外经济形势等内容学习的同时，经常通过转发等形式在群内分享，帮助企业第一时间学习了解各类行业资讯和政策信息。同时,把"三服务"工作延伸到线上交流平台,及时回应企业提出的各类问题并告知联系人和解决方案,积极牵线搭桥,促进企业合作,解决各类运营问题。有企业在群内咨询"请教一下各位,现在国外的中成药能进中国销售吗",很快就有多个部门的工作人员回复"按规定,进口的中成药必须取得国家药监局的批准,并有批次检验合格证明才能销售""补充一下,符合以上条件且被定为非处方药的才能在网上销售"等,每天像这类的政策咨询及寻求办公合作等帮助、意见建议征询、活动方案商讨的交流信息都要超过50条,建群以来,累计传递各类政策信息、专家解读、行业资讯等3万余条。由于线上反馈快、信息传递广、涉及部门(单位)多等特点,不仅微信群活跃度高、反响好,还带动了线下各类交流活动的顺利开展和广泛参与。例如,围绕"互联网+汽车"等内容,举办二手车O2O及汽车售后服务市场等主题论坛,经常在周末组织20人左右的开放式小型沙龙等,有效推动了政府部门各项政策措施的落实和企业之间的相互交流合作,为企业提供了便利,帮助企业解决了各类难题。

三、创建效果

网络、手机、平板电脑等各种电子设备和终端越来越成为人们生活中密不可分的一部分,无网不欢、无"微"不畅逐渐成为一种生活方式和行为习惯。市商务委利用微信微博、网络网页等新媒体新平台,不断探索、持续创新"微+"系列学习方式,不仅推动广大党员干部寓学于乐、融学于"微",而且真正使学习成为广大党员干部工作生活的一部分和一种习惯,让党员干部无论在什么位置、不管什么时间都能参加学习,引导党员干部自觉将学习融入日常的工作和生活,养成"想学、善学、常学、深学"的思想自觉和行为自觉,做到了"润物细无声"和入脑入心,从而带动了广大党员干部学习力、创造力和执行力的提高及各项工作的顺利开展,真正推动了机关党建工作和学习型组织建设精耕细作、纵深推进,为商务领域改革创新不断取得新突破和新成绩提供了坚强保障。

四、思考启示

综观市商务委"微+"系列学习方式方法的探索和推广,有三点经验做法值得总结。

(一) 开放思维,与时俱进

在微信推出不久,市商务委相关处室就"试水"微信平台,线上发布政策信息,与企业进行即时互动,这几年在委领导的大力支持和率先推行下,在委内迅速推广。目前,全委平均每个机关处室和直属事业单位都有两个以上的工作群,而且活跃度普遍较高，“上海商务”“走出去服务港”等微信公众号也具有受众覆盖面广、内容发布及时、政策数据权威等特点。为鼓励商务系统党员干部转变观念、转变职能，2016 年初还开展了“转变职能，服务入‘微’”微信服务案例评选活动。变化无处不在，只有海纳百川、顺势而为，才能趁势而上。

（二）问题导向，注重结合

带着问题学、围绕问题调研、解决问题服务等，这些既是市商务委“三服务”工作的延伸，也是“微＋”系列的重要特征。奔着提高效率、优化服务的目标，提出并推广微信等即时服务方式，同时在推进过程中，始终围绕中心工作、结合业务工作进行建群、交流、服务。在全委各类微信群、微信公众号中，业务类约占 80％以上，且多数群有其他委办局、企业、区商务部门等在内；而综合类微信群则主要是围绕服务中心、建设队伍，分类梳理、实时交流，为营造良好工作氛围提供保障。互联网是把双刃剑，只有明确导向、善于结合，才能真正为我所用、用出实效。互联网时代的学习，更要善于利用和整合“碎片化”的时间和信息。

（三）全员参与，即时链接

由于领导以身作则，加之与工作生活的高度耦合，市商务委党员干部普遍有把微信作为工作和交流工具的习惯。看到好的文章、翻到最新资讯、有了第一手材料，大家都会在不影响正常工作的情况下，即时一发、随手一转，日积月累，大家的知识面越来越广、业务知识越来越通；群里布置了一项任务，一个人提出疑问，工作人员答疑后，群里所有人都可以拿到更加精细的操作指南，快到时间节点了，群里吼一声，纷纷来交工；闲暇时间，轻松娱乐的小测试、旅途中的新鲜事、老家的古物件等，都时时增进着沟通和交流。学习要获得高参与度和有效性，就必须找准学习对象的关注点和兴奋点，激发内生动力，引导其行为习惯养成，才能真正推动自主学习、自觉学习。

常态制度　长效机制　打造书香组织[①]

——市财政局学习制度创新案例

市财政局紧紧围绕服务中心建设队伍，注重健全完善制度机制，大力加强学习型机关建设，坚持在组织推进、方法载体、考核管理、成果转化等方面完善各项制度规定，确保学习时间、人员、内容和效果的四落实，真正形成学习氛围更加浓厚、学习方式更加多样、学习资源更加丰富、学习机制更加完善、学习成效更加明显的学习型机关建设体系。有效发挥制度的规范保证作用，基本实现学习理念进一步树立、理论素养进一步提高、业务水平进一步完善、推动发展能力进一步增强的学习机制，并形成多层次、多渠道、广覆盖的学习型机关建设工作格局。

一、问题背景

财政是国家治理的基础和重要支柱，上海市财政局承担着贯彻执行财政工作的法律、法规、规章、方针、政策，拟订本市财税发展战略、规划、政策和改革方案并组织实施，参与分析预测本市宏观经济形势，参与拟订本市宏观经济政策等15项具体职责。近年来，随着财税体制改革的不断推进，上海财政面临的改革发展形势任务更加艰巨，对财政干部能力素质的要求更为全面。建设学习型机关是推进财政事业改革发展的基础性工程，也是提升财政党员干部改革发展能力的重要保障，必须适应全面深化财税体制改革和"十三五"规划的发展目标要求，大力加强学习型机关建设。制度是建立良好学习秩序和完成学习任务的根本保证，学习型机关建设必须在健全制度、完善机制上下功夫，建立健全学习型机关建设的长效机制。

二、任务分析

学习型机关建设不是一个阶段性目标，而是一项长期、系统的工程，必须将

① 本报告由上海市财政局提供，执笔人：曹汉祥。

学习型机关建设与全面从严治党的要求结合起来，与服务推进财政“十三五”改革发展结合起来，与建设过硬财政干部队伍结合起来，才能取得实在成效。结合当前市财政工作实际，建设学习型机关还面临着一些问题和挑战，主要体现在以下方面：一是长期学习与短期效应的矛盾，学习上急于求成、急功近利的现象还不同程度存在；二是理论学习与成果转化的矛盾，学习成果转化为财政政策法规不多、服务中心推进工作还不够有力；三是学习内容与自我需求的矛盾，学习上还存在财政业务学习投入多、政治理论学习深入少的现象；四是学习时间和工作安排的冲突，财政业务繁忙的实际情况，工学矛盾处理不够合理，造成学习效率不高等。针对这些存在的问题，必须进一步健全完善学习型机关建设的制度机制，才能更好地推进学习型机关建设，为财政事业不断改革发展服务，为财政干部能力素质提升服务。

三、创建措施

(一) 加强领导、明确目标，不断完善学习型机关建设组织保障制度

1. 注重完善组织领导制度

上海市财政局党组领导高度重视学习型机关创建工作，强调要把学习教育摆在突出位置，强化自觉学习意识，不断提升服务全面深化财政改革发展能力。市局制定印发了《关于2011—2015年深入推进学习型机关(机关)建设的实施意见》，提出了四个方面的14条具体建设意见，并按照市级机关建设标准，结合财政实际，分别制定了市局学习型党支部和学习型党员创建导向标准，完善评估指标体系，进行导向性建设；成立了学习型机关建设领导小组，由市局分管领导担任组长，全面负责学习型机关建设的组织指导、全面规划、协调落实、检查督促等方面的工作，形成了市局党组领导、机关党委组织、各级支部推动、党员干部带头四级连动的组织领导体系和创建模式。

2. 注重建立工作推进制度

强化学习型机关建设指导推进，在每年党的工作要点中，都结合党建工作形势任务，对学习型机关建设提出具体要求。党建工作会议上主要领导都要对学习型机关建设作出专门部署，明确建设重点。积极打造学习型机关建设过程推进，以市局OA综合办公系统为依托，先后开设了“共享知识库”“政策法规”“国际视野”等栏目。进一步深化学习型机关建设网络教育平台，打造移动学习平台，累计发布课程145门，总计1529课时。结合党建工作季报，对各单位各部门的学习型机关建设推进情况进行督查，并向党组领导汇报。通过召开基层党支部书记例会和党务干部工作例会，对学习型机关建设形势进行分析，对存在问题

进行查找，对重点工作进行部署，有序有效推进学习型机关建设。

3. 注重健全述学考评制度

领导干部述学每年至少1次，结合处以上领导干部年终考核、民主生活会和述职述廉进行。普通党员干部结合“三会一课”、专题组织生活会、处务会和年终工作总结等形式，开展述学评学，并结合“两学一做”学习教育开展，按照“四评议”要求，进行领导点评、群众测评和党员互评。市局结合年终总结和党建责任制考评对学习型机关建设进行考核，重点检查集中学习时间是否落实、学习内容是否保质保量、学习笔记和体会是否有详细记载、学习培训考核是否达到标准等方面的内容。切实形成上下齐抓共管、一级抓一级、层层抓落实的用学、促学、督学格局和氛围。

（二）整合资源、拓展方式，不断创新学习型机关建设工作融合制度

1. 建立以干促学机制

积极倡导“干中学”“学中干”的良好学习风气，各基层党组织注重在学习型机关建设实践中推进财政重点工作。例如，紧紧抓住建立中国上海自由贸易试验区的重大历史机遇，着力加强超前研究和预案储备，积极推动国务院在《中国（上海）自由贸易试验区总体方案》中明确的有关促进投资、扩大贸易的各项税收政策的细化落地；围绕建立现代财政制度的改革目标，实现了政府“四本预算”全部报送上海市人大审议；2016年，全面推进营业税改增值税（营改增）试点各项工作成效显著，试点企业结构性减税效应明显；积极推进供给侧结构性改革，调整财政支出导向，坚持精准施策，促进企业加大转型升级力度，为上海落实制造强国、加快建设具有全球影响力的科技创新中心提供坚强支撑。

2. 建立以赛促学机制

注重调动党员干部参与学习型机关建设的积极性，通过开展评比竞赛的方式激发参与热情，营造浓厚的学习热情。连续五年组织开展财政干部业务技能竞赛活动，切实将业务技能比赛与财政重点工作相结合，与推进上海财政“十三五”建设相结合，有效发挥岗位练兵竞赛对业务工作的促进保障作用。以深化主题实践活动的思路、方式、规模和形态，打造学习型财政、学习型机关、学习型干部，形成了鲜明的特色和亮点，有效提升了财政工作的质量和层次，收到了把握全局、服务中心、聚焦改革、促进发展的良好效果。近年来，围绕财政重点改革项目推进，重点组织了“十三五”重大税政问题研讨征文、政府会计与内部控制知识、“两学一做”学习教育和青年重点课题调研等比赛项目，积极打造具有财政特色的学习平台。

3. 建立以研促学机制

注重深化理论研究，积极转化学习型机关建设成果，深化对事关上海财政

“十三五”规划重要财政改革问题的超前研究和预案储备，围绕财政年度重点任务推进，每个处室和直属单位每年至少确定1项重点课题，由分管领导牵头，处室党员干部共同参加，通过理论研究、工作调研、研讨交流等形式，深财税重大改革专题研究，积极推进成果转化，有效服务财政改革发展。近3年来，共完成市委、市政府和财政部重点课题30多项，市局自身业务课题70多项。积极推进党建和思想政治工作研究，围绕中心、建设队伍，每年至少确立两个方面的重点课题研究方向，积极探索财政机关党建工作自身特点，把握内在规律，为加强机关党的建设提供理论支撑和组织保证。

（三）发挥作用、层级推进，不断改进学习型机关建设学习教育制度

1. 建立健全党组中心组学习制度，发挥好示范引领作用

每年结合理论学习热点和财政工作重点，制定党组中心组理论学习《计划》，分专题细化学习内容，推荐学习书目，列出研讨课题，增强党组中心组理论学习的针对性。结合群众路线教育、“三严三实”专题教育、“两学一做”学习教育，党组中心组先学、深学、精学，以此促进带动机关部门和财政党员干部的学习。坚持将推进“两学一做”学习教育常态化制度化作为一项重大政治任务和党建工作的龙头工程，着眼于抓基层、打基础、带队伍，在落实党章党规、贯彻习近平总书记系列重要讲话精神、扎实推进财政“十三五”规划开局起步、创新推进基层党建工作等方面，不断推进党的建设取得新成效。

2. 建立健全基层党组织学习制度，发挥好凝聚推进作用

针对本单位本部门重点工作推进，组建经常性学习团队，围绕财政改革的重点、难点和瓶颈问题，深化学习交流、积极破解难题，在研究的具体实践中提升服务发展水平。建立经常性学习制度，各基层党组织每月开展不少于一次集中学习交流活动；开展经常性学习活动，将学习好作为“五个好”党组织重要考核评价标准，深入开展“创建学习型党支部”“创建学习型处室”活动，并结合年终考核推动学习型机关建设持续、有效、深入开展。

3. 建立健全党员干部学习制度，发挥好核心主导作用

坚持把抓好青年干部学习作为学习型机关建设重要抓手，注重用创新理论引导学习，用业务工作推进学习，用课题研究牵引学习，自2013年起，组建了青年课题研究组，组织青年党员干部围绕财政重点改革课题开展研究，并将其确定为常态化工作，在学习实践中增强年轻党员干部的理论水平、业务知识和工作能力。注重加强青年党员干部思想政治建设，开展了“财政青年文化沙龙”系列专题活动，组织青年党员干部赴中国共产党第一次全国代表大会（一大）会址参观学习、开展依法行政交流座谈等活动，强化实践锻炼。积极发挥党建联建作用，

组织青年党员干部深入基层、深入预算单位、深入信访岗位开展工作实践，强化服务能力和意识，更好地服务基层、服务群众。

（四）统筹推进、搞好结合，不断完善学习型机关建设成果转化制度

1. 完善学习型机关建设与学习教育活动相结合机制

认真组织专题学习，坚持以党组中心组学习为重点，每季度开展一次专题学习，发挥好中心组学习示范引领作用；以基层党组织为基本单位，每月开展一次学习交流；以党员教育制度落实为基本依托，每人参加一次学习研讨交流，持续深入推进学习教育。开展形式多样的学习，通过组织“求是”专题辅导报告、从严治党知识竞赛、党性专题培训、演讲征文比赛等形式，深化了学习成效。市局开展“两学一做”学习教育的做法先后被《上海组织工作》《机关动态》转发，并在市级机关“两学一做”学习简报上进行转发交流。上海财政党建网改版升级，设立了“学习园地”“重要论述”等栏目，建立了市局网络教育平台，开设了财政网络培训课程，定期分专题开展学习论坛活动，进一步拓展学习资源。

2. 完善学习型机关建设与干部教育培训相结合机制

在中青年干部能力提升专题培训中，探索应用模拟实践教学手段，以真实的工作案例为蓝本，组织学员开展训前自主调研、训中政策研讨、市政会议模拟等，通过课题研究、角色扮演、现场辩论等形式，进一步增强财政干部换位思考和研究的能力，不断提升干部底线思维、发展思维、全面思维水平。围绕 PPP 等热点问题，重点探索了集基础理论面授、实践案例研讨、现场实践教学于一体的小专题培训模式，增加学员参与度和互动性，以教学总结回顾实际工作、以培训深化推动改革实践。积极拓展学习型机关建设平台，完善市、区财政与乡镇财政沟通联络制度，组织年轻党员干部深入结对农村，通过开展结对助学、参观见学等活动，帮助青年干部了解农村、接受教育、得到锻炼，把结对单位打造成财政干部学习教育基地、青年干部锻炼成长平台。

3. 完善学习型机关建设与三型组织建设相结合机制

把学习型机关建设作为学习型、服务型、创新型党组织建设的基础，着力夯实学习基础、抓住服务根本、激发创新活力。研究制定了《上海市财政局党的建设 2014—2017 年工作规划》，对深化学习型服务型创新型党组织建设提出具体工作要求。积极推进三型党组织建设实践，在各基层党组织中开展服务型党组织工作和最佳组织生活案例征集活动，指导基层组织在深化学习教育、改进服务理念、创新建设载体中提升党建工作水平。强化学习型、服务型、创新型党组织建设成效，建立了《年度工作目标责任分工表》，通过定目标、定责任、定要求，主动融入财政中心工作。通过处务会学习、党课教育、组织生活等形式，将业务学

习与政治学习结合起来，将业务研讨与党员交流结合起来，有效发挥党组织战斗堡垒作用和党员先锋模范作用，为推进上海财政“十三五”规划改革发展服务。

四、思考启示

(一) 党员干部的理论素养进一步夯实

通过学习型机关建设，党员干部的学习意识不断增强，思想理论素养有较大提高。贯彻落实习近平总书记系列重要讲话精神的坚定性进一步增强，落实党章党规的自觉性进一步强化，服务财政事业改革发展的奉献精神进一步彰显。

(二) 财政机关的工作作风进一步转变

通过学习型机关建设，进一步巩固了党的群众路线教育、“三严三实”专题教育和“两学一做”学习教育成果，群众观念、宗旨意识更加牢固，主动深入基层、深入群众的工作作风进一步扎实，切实把保障民主作为财政工作的重点，贯穿于整个学习型机关建设中。

(三) 服务改革的能力素质进一步提升

围绕大局、服务中心的意识明显增强。坚持把学习中形成的共识转化为实际行动，把学习理念转化为推进财政改革发展的实际能力。通过学习型机关建设，不断研究新情况、探索新办法、解决新问题，为推进上海财政“十三五”改革发展服务。

(四) 机关党建的工作水平进一步加强

把学习型机关建设作为加强市局党建工作的重要推进，通过学习型机关建设，进一步打牢思想政治建设基础，进一步完善基层党组织学习教育制度，进一步拓展基层党建工作载体，不断夯实基层建设基础，全面提升市局党的建设水平。

市财政局聚焦上海财政“十三五”规划推进，积极完善常态制度，努力构建长效机制，全面推进学习型机关建设。进一步深化推进“两学一做”学习教育常态化制度化，牢牢把握服务中心这个核心、牢牢把握建设队伍这个关键、牢牢把握学做统一这个原则，切实增强学习教育的针对性，切实把学习教育成果转化为服务财政改革发展的行动自觉，推动财政事业改革发展。

搭建“两级平台” 发挥“品牌效应”[①]

——市审计局学习型组织建设路径创新案例

上海市审计局2006年开始，始终围绕“服务审计中心、建设审计队伍”两大任务，在局机关、处室(部门)两个层级搭建活动平台，推进学习型机关建设。经过10多年努力，形成了“青年审计讲坛”“全市审计机关党建暨思想政治工作研讨会”等局机关层面的活动“品牌”，以及财政审计处的“创意论坛”、社会保障审计处的“社保大家谈”、人事处的“才智·家人”等处室(部门)层面的特色“项目”，使得学习型机关建设活动有平台、显成效、能持久。有些活动品牌、活动项目在全市颇具影响。2012年“创意论坛”评为市级机关工委优秀学习品牌活动，2016年其主办部门财政审计处被市级机关工委表彰为特色学习团队。上海市审计局先后被评为2011～2012年度上海市学习型机关、2013～2014年度上海市学习型机关，表彰为书香机关示范点。先后涌现了“上海市三学状元”、第四届上海市群众性读书活动十大明星(之一)、2007～2011年度上海市推进学习型社会建设与终身教育先进个人、市级机关系统“十佳学习型党员”、市级机关系统学习型党员、市级机关系统学习型党支部等。

一、问题背景

上海市审计局作为上海市人民政府主管全市审计工作的市政府组成部门，主要负责对地方财政收支和法律法规规定的属于审计监督范围的财务收支的真实、合法与效益进行审计监督。全局200多名审计干部，每年审计项目100多个，项目涉及资金小的为千万元、大的为百亿元。每年有10个月时间，审计人员分散在各审计点，开展现场审计。推进学习型机关建设，“工”(工作任务)“推”(推进学习型机关建设)矛盾格外突出，主要表现为没有较为直接的工作抓手，工作难以延伸到机关各部门(基层)，容易出现“上面推一推、下面动一动”的现象，

① 本报告由上海市审计局提供，执笔人：汪其水。

难以在机关各部门(基层)扎根。

二、任务分析

针对以上突出问题,上海市审计局进行了调查研究,认为解决“工”“推”矛盾主要在于:一是推进学习型机关建设的目标要嵌入审计实际,工作才可行,上下就会主动作为;二是推进学习型机关建设的工作具象化,工作才有效,上下就会不走过场;三是推进学习型机关建设要形成机制,工作才持久,上下就会成为自觉。于是,上海市审计局开始了“搭建‘两级平台’、推进‘两大任务’”的探索之路,在可行、有效、持久上下功夫,推进学习型机关建设,既努力实现学习型机关创建工作的常态化,又推动审计工作又好又快发展。

三、创建措施

结合机关党建工作,在局机关、处室(部门)两个层级搭建推进活动的平台,努力形成“局机关层面有品牌活动、部门层面有特色项目”,确保推进工作可行、有效、持久。

(一) 以“三个活动”为抓手,植入推进学习型机关建设的新要求

1. 以“思想政治工作研讨会”为抓手

自 1987 年开始,市审计局每年组织全市审计机关开展一次思想政治工作研讨活动,交流讨论工作经验和研究成果。市审计局以此活动为抓手,根据形势发展变化、审计工作任务要求,及时围绕热点、难点、重点问题确定研讨主题,既保证了思想政治工作研讨会的主题新颖,又为创建学习型机关提供了不竭动力。

2. 以“青年审计论坛”为抓手

从 2003 年起,市审计局连续举办“青年审计专家论坛”(2013 年起改为“上海审计青年论坛”)活动多次,组织青年审计干部开展以审计前沿理论研讨、案例分析、课题研究、国外审计介绍等为主要内容的学习交流活动。市审计局以此活动为抓手,不仅把局机关的青年审计干部全部动员起来,而且还把区(县)审计局的青年审计干部吸引进来,扩充了推进学习型机关建设的“朋友圈”。

3. 以“科研课题研究”为抓手

市审计局始终探索研究先进审计理念和审计技术方法,强化前瞻性思考,推动审计工作的发展。市审计局以此活动为抓手,一方面发挥高等院校的优势,以课题研究为媒,推进学习型机关建设;另一方面注意利用社会教育资源,聘请专家学者担任顾问,开辟合作推进学习型机关建设的模式。

(二) 以“特色项目”为抓手,强化推进学习型机关建设的全覆盖

1. 凝聚共识,推进学习型机关实现“四化”

2006年,市委、市政府《关于推进学习型社会建设的指导意见》(沪委发〔2006〕2号)下发后,上海市审计局结合审计工作实际,提出推进学习型机关建设要实现“四化”,只有凝聚干部职工共识,才能成为干部职工的行动自觉。一是学习自主化。处室(部门)把学习作为一项重要内容摆到日程,处理好工作与学习的关系。干部职工把学习作为自我发展、自我提高、自我更新的需要,增强学习的自觉性和主动性。二是内容多元化。本着干什么学什么、缺什么补什么的原则,把学历培训、岗位培训、资质培训、专业培训、技能培训等有机结合起来统筹安排,循序渐进。三是方法多样化。把自我安排和组织安排结合起来,把书本知识和实践知识结合起来,把专题研讨和调查研究结合起来,把脱产学和在职学结合起来,形成全覆盖。四是考核目标化。每学一门知识都要有明确的标准,达到预期的目标和效果,有一定的检查、测试手段。除获得毕业证、结业证、合格证等各类证书外,也要有组织督促、考察。

2. 规范工作,营造学习型机关良好氛围

在工作实践的基础上,2008年8月,上海市审计局印发了《中共上海市审计局党组关于创建学习型机关的意见》,对推进学习型机关建设的相关工作进行规范。从此以后,市审计局各个处室每年制定详细的创建学习活动计划,根据自身审计工作特点,组织学习研讨,实现学习型机关建设的全覆盖,也为推进工作增添了活力。市审计局社会保障审计处每年一次的“大家谈社保”主题活动,鼓励每位审计人员关注社会保障领域的热点、难点和重点问题,紧密联系审计工作的实践,在审计工作中勤于思考,善于总结,不断探索审计方法、完善审计理论,并将“大家谈社保”的学习成果有效转化为社会保障审计工作中的审计方案和解决思路;财政审计处开展的“创意论坛”活动与投资审计处持续多年开展的“金点子”活动,则坚持全面动员,不断增强活动的计划性和参与度,在全处范围内营造了一种敢于创新、集思广益、群策群力的工作学习氛围;农业与环境资源保护审计处在创建学习型处室伊始,积极开展学习型组织的理论研讨活动,结合审计项目收集信息、分析信息、共享信息,形成时时学、处处学、人人学的良好风气,真正做到不断实现审计人员知识和能力的提升。经过数年的探索,在处室这个层面,先后形成了“创意论坛”“社保大家谈”“金点子”“才智·家人”“聚焦金融”“国资论坛”“博雅小讲堂”和“博识堂”等审计特色学习项目,引导党员干部努力研究思考,以服务大局、聚焦改革为导向,为改革发展汇智聚力。

四、创建效果

"两级平台"的搭建，有效地形成了"品牌"活动项目，不仅解决了"工""推"矛盾、无的放矢等问题，而且吸引人们参与，确保了学习型机关建设的可行、有效、持久。

（一）助推审计更加关注热点问题

"品牌"活动的吸引和推动，让广大审计干部先后多层面围绕党委、政府中心工作开展研讨，从不同角度析事明理，从多个层次探究做法，形成推进落实"五大发展理念"的工作打算和具体措施，及时提出了不断增强"四种意识"，提高审计服务大局的自觉性、主动性和有效性。一是增强政治意识。从政治的高度，把审计工作置身于改革发展的大局，高度关注宏观调控措施、重大方针政策的执行结果和关系人民群众切身利益的热点问题，促进党和国家重大决策的贯彻落实。二是增强大局意识。紧密围绕党委政府战略决策开展审计工作，全面履行审计监督职责。三是增强发展意识。用发展的理念开展审计工作，用发展的眼光看待被审计事项，用发展的方法解决审计工作中遇到的问题和困难，保持审计工作的灵活性和适应性。四是增强忧患意识。关注经济社会运行中存在的薄弱环节和潜在风险，严肃查处重大违法违规问题和经济犯罪案件，敢于讲真话、报实情、出实招，切实维护国家经济安全。

（二）助推审计更加关注重点任务

"品牌"活动的吸引和推动，让广大审计干部意识到面对新的任务要求，必须深入推进"研究式审计"，围绕党委、政府重大决策部署和重点工作，组织开展政策研究，发挥审计理论研究的先导作用。尤其是对中央和本市召开的重大会议、提出的重大决策部署，应及时组织全局党员干部认真学习、深刻领会，深入把握上海面临的发展形势和市委、市政府的战略思路、决策部署，自觉围绕中心工作、融入发展大局、把握监督重点，全面履行审计监督职责。为此，2016 年 1 月，上海市审计局组织 150 多名青年审计干部举办了"思变革，求突破，推进审计工作跨越发展"主题辩论会，围绕"转变审计观念，审计积累与审计创新孰更重要"辩题，让新观念在碰撞中凝结成新思路。2 月份，上海市审计局组织全市审计机关开展党的十八届五中全会精神专题学习研讨活动，全市约 900 多名审计干部职工同步学习，领导干部与一线审计人员同桌讨论，统一思想与推进工作同频共振。11 月份，举办了第 29 次全市审计机关思想政治工作研讨会，围绕"改革与审计创新"主题，组织全市审计机关深入开展研讨，找准贯穿"十三五"审计工作的主旋律——创新的切入口，为审计创新聚智汇力。

（三）助推审计更加关注难点事项

“品牌”活动的吸引和推动，让广大审计干部更加关注到要切实发挥审计监督作用，促进经济平稳健康运行，一方面要坚持依法审计，对严重违法违纪、以权谋私和腐败问题严肃查处；另一方面要坚持实事求是，既不能以现在的规定制度去查处以前的老问题，也不能用过时的制度规定来衡量当前的创新事项。尤其围绕创新驱动发展、经济转型升级这个大局，始终坚持“两手抓”，积极探索、处理好依法审计与服务大局、揭示问题与鼓励创新、处理处罚与宽容失败“三个关系”，注重揭示、反映、帮助解决政策性、体制性、机制性、制度性问题，切实发挥好审计的预防、揭示、抵御功能。上海市审计局研究制订了《关于进一步加强和改进审计工作，服务上海改革创新大局的若干意见》，形成进一步服务全市改革创新的思路和措施，并在上海市改革创新大会上做交流发言，取得好评。

五、思考启示

通过在局机关、处室（部门）两个层级搭建活动平台，实现了推进学习型机关建设的可行、有效、持久。

（一）健全组织运转机制，是推进学习型机关建设的前提

加强学习型党机关建设，必须进一步完善学习型机关、学习型党支部、学习型党员三级联动的创建机制。上海市审计局“两级平台”的搭建，正是凝聚创建合力，形成党组统一领导、机关党委牵头协调、职能部门各司其职、各处室中心分工组织实施的格局的有效抓手。在推进工作中，人事处具体负责教育培训规划的管理、组织协调、考核评估；机关党委负责政治理论教育；法规处负责政策法规教育应用；计算机审计与信息技术处、信息中心负责计算机审计知识和实务培训；综合计划处、科研所负责政策研究课题和审计科研课题研究；培训中心负责专业培训；各业务处室根据自身工作特点组织开展相关的业务知识培训和交流。在创建工作中，各部门又有各自的创建学习型组织的目标计划。

（二）深化学习品牌建设，是推进学习型机关建设的抓手

在推进学习型机关建设中，必须以学习推进工作为目标，以机关工作人员为重点，以全员参与为基本要求，在进一步发挥政治学习、业务培训的基础上，深化学习型机关建设，形成一级带一级、层层抓学习的良好局面。否则，推进工作很容易“空对空”，也很容易被替代。例如，上海市审计局在局层面，以审计思想建设品牌——“思想政治工作研讨”为抓手，赋予老品牌新的内涵，让其充分发挥在推进学习型机关建设中的牵引作用。在处室（内部）层面，依托党建工作，让学习型机关创建工作跟着党建工作走，通过横向联合、资源共享，进一步提升了“一支

部一特色”“一支部一品牌”的成效，形成了一种良性互动、自我更新的氛围。

（三）完善成果考核机制，是推进学习型机关建设的“指挥棒”

推进学习型机关建设，必须纳入工作考核，发挥考核的“指挥棒”作用。例如，上海市审计局通过“两级平台”的推动，实现了建设学习型机关始终围绕“服务审计中心、建设审计队伍”两大任务，机关也自觉地把推进工作纳入工作考核，大力营造和形成了重视学习、崇尚学习、坚持学习的浓厚氛围，牢固确立党组织全员学习、终身学习的理念，机关的创造力、凝聚力、战斗力不断增强。为此，一方面，把各党支部开展学习创建活动情况提供给职能部门，作为年终考核的重要内容，做到奖惩分明，不断提高实施效果；另一方面，把学习作为评判干部素质、认定干部实绩的重要条件，把学习态度、学习能力和学习成效作为选拔任用干部的重要依据，把建设学习型党支部情况作为对支部考核和“两优一先”评比表彰的重要指标，形成鼓励学习、鼓励创新的用人导向。

坚持“五个有” 推进学习型机关建设[①]

——市司法局建设方略创新案例

上海市司法局学习型机关建设工作始于2012年，经历初创、运行、提质三个阶段。初创阶段（2012～2014年），注重明确要素、创建机制，着力培育机关干部注重学习、终身学习的基本理念，迈出探索实践建设学习型机关的第一步。运行阶段（2014～2016年），注重全面推行、助力发展，着力体现以学习提高能力素质，推动“上海司法行政工作要走在全国前列”工作目标的实现。提质阶段（2016年起），注重政治引领、助力主业、提升品位，在探索学习型机关建设规律的基础上，紧扣服务中心、建设队伍的要求，围绕建设学习型、服务型、创新型、效能型机关，高起点确立建设目标方向，高质量开展建设活动，大力发挥“学以铸魂、学以资治、学以养气”的建设效能。

一、问题背景

提出“五个有”建设方略创新，主要基于三方面背景：一是党的十八大提出建设学习型、服务型、创新型政党的决策部署，明确全面从严治党的鲜明主题；二是上海提出要继续当好改革开放排头兵、创新发展先行者；三是市司法局党委提出劳教制度改革、机关“三定”、行政审批制度改革等三项改革，全面加强制度体系、考核体系、基础数据统计体系三大体系建设，推进法律服务行业信用体系、大调解体系、律师参与社会管理、综合性法律服务窗口、特殊人群专项管理五大建设。

二、创建措施

大局大势的变化与主责主业的需求，给机关建设和干部队伍建设提出了新任务新要求——机关干部的理念、责任、能力、作风务必须要有新的提升。学习

① 本报告由上海市司法局提供，执笔人：周青扬。

型机关建设面临着新挑战的同时，也迎来了提档晋级的机遇期。市司法局机关顺势而为、主动谋划，在认真总结、深入分析前一阶段学习型机关建设的基础上，适时提出有方向、有组织、有机制、有载体、有成效的“五个有”方略，采取多样化手段和方式，激发机关干部的学习热情和内在动力，推进学习型机关建设，提升机关干部综合素质和能力，持续为上海司法行政改革发展注入动力。

（一）有方向：以上海司法行政文化精神为牵引

紧扣时代主题和司法行政工作内涵，组织全市司法行政系统干部集思广益，精心提炼出“崇法、秉正、鼎新、善治”的新上海司法行政文化精神，以此引领机关建设，凝聚全体机关干部的共识，铆定学习型机关建设的目标方向。局领导借助学习会等各种时机和场合，带头宣讲上海司法行政文化精神的核心意涵和价值要义，积极推动机关学习践行上海司法文化精神。同时把上海司法行政文化精神制作成文化符号，悬挂在办公楼的司法文化长廊上，印制在司法行政工作LOGO中，还利用微信公众号等各种新媒体加强宣传，形成巨大的渗透力和引导力。

建设学习型机关的过程中，努力追求和体现“崇法、秉正、鼎新、善治”。组织机关干部参加政治理论学习，用党的最新理论成果和中央精神武装机关干部的头脑，不断强化机关干部的政治意识、大局意识、核心意识和看齐意识。组织机关干部参加法律知识学习，强化法治精神、法治意识和法治能力，全体机关干部均通过行政执法考试，做到持证上岗。组织机关干部学习信息化、标准化知识，增强机关干部规范意识和效率意识，提升运用信息化工具的实际能力，加强司法行政工作与互联网、云计算、大数据等新一代信息技术的深度融合。

（二）有组织：有机融合机关组织与干部个体的内在需求

成立市司法局机关创建学习型机关工作领导小组，机关党委书记任组长，党委其他成员为领导小组成员，书记、副书记分别作为第一责任人和直接负责人。各党支部书记是本党支部开展“创建学习型党支部、争当学习型党员”活动第一责任人，负责抓好本党支部创建活动组织实施。

局党委中心组每年度制定学习计划，落实每月一次的集中学习，坚持走出去学习交流与请进来辅导讲座，主要学习党的基本理论和最新理论成果，党中央、中央政法委和市委、司法部的重大决策部署与重要指示精神，以及现代科学、管理等前沿知识。根据需要，组织机关干部参加局党委理论学习会，扩大中心组学习的辐射面。机关各处室（党支部）合理安排政治理论、业务知识、综合知识等学习内容，制定学习计划和学习推进表，坚持落实学习内容、学习责任，积极开展机关内部联学联建与外部联学联建，做到每次学习有主题、有讨论、有共识，各项学习活动开展得有声有色。近年来，两级组织重点深入学习了党的十八大与十八届三中、四中、五中、六中全会精神，习近平总书记系列重要讲话精神，党的优良传统，以及信息化、标准化、大数据知识等。通过学习，有效提升了机关干部党性修养、政策理论水平和工作能力，优化了工作作风，提升了工作效率。

成立局机关文化艺术社，有机融合机关文化建设与学习型机关建设，保持良好的"两促进、双提升"工作态势。如党章学习小组，采取集中研学、分组共学、参观见学等形式，坚持每季度一个学习主题、每月一次学习交流，开展了党章发展史和党章党纲、权利与义务、组织与纪律等专题辅导讲座，多次组织小组成员到中共"一大""二大""四大"会址，国歌展示厅，革命烈士纪念馆等红色教育基地参观学习，经常在党章诞生地现场开展学习交流，不断提升党员意识和党章意识。摄影、书法等学习小组通过经常性的学习和交流活动，切实增强机关干部的文化艺术常识和修养，丰富机关干部的精神家园，提升机关干部的精神境界。

（三）有机制：开展常态化学习建设活动

建立学习型机关建设推进机制，确保学习活动常态化开展。建立计划总结制度——机关党委制定创建方案，加强组织领导，在创建年度的初期、中期、后期进行创建工作部署、分析和总结。处室（党支部）都结合自身实际，制订党支部创建学习型党支部、争当学习型党员活动方案，加强执行落实，按时向机关党委提交创建工作总结。建立学习情况公开制度——利用OA系统机关建设专栏，落实党务公开工作，及时将机关、党支部开展学习情况和学习成果在党务公开栏公开，加强学习督促与交流。建立考核激励机制——将党支部、个人学习情况纳入考评体系，并作为"两优一先"和优秀公务员评定的条件。各党支部于年底开展机关干部集中述学评学活动，向机关党委推荐学习先进个人，机关党委对学习先进个人以适当的方式进行表扬。建立评估指导机制——落实机关党委委员联系党支部制度，加强机关党委、各党支部和党员学习互动，对党支部创建活动进行经常性指导。机关党委每半年对党支部创建活动开展情况进行分析梳理与工作评估，加强创建工作指导。建立保障支撑机制——在机关办公楼专门开设各类学习小组活动室、阅览室，在OA系统上开辟学习型机关建设专栏，展示学习内容、学习动态和学习成果；落实学习经费保障，定期为机关各学习组织单位和机关干部提供学习资料。

坚持学习制度，有声有色开展各类学习活动。认真落实机关基层党组织生活制度，以"三会一课"为党员日常学习重要平台，重点抓好基本政治理论学习。坚持双周一学制度，以处室（党支部）为单位，每两周组织机关干部进行一次集中学习。落实调研制度，每年开展诸如"建设法治中国视野下的司法行政工作职能定位、路径选择、空间扩展若干问题”“律师行业信用评价制度研究”等专题调研，加强理论联系实际，实现学用相长。

（四）有载体：搭建多样化学习活动平台

组织机关全体公务员、局属中心全体工作人员参加上海干部在线学习，对个人学习情况进行考核。处级以下工作人员，结合自身实际，自愿选报参加双休日专题讲座、法律法规讲座等，机关党委对报名参加讲座人员进行考勤。各处室（中心）组织选派所属人员，参加上级和本级业务部门举办的有关培训班，安排部分人员参加机关业务素质专项培训。机关处级以上领导干部参加学习培训，每人每年不少于110学时，普通党员干部每人每年不少于24学时。据2016年度统计，局级党员干部平均参加教育培训128学时，处级党员干部125学时，科级及以下党员干部103学时。

认真开展荐书读书活动，每月各党支部轮流评书荐书，为各党支部提供优秀读物，开展经常性的学习交流。机关读书小组定期进行读书研讨，举办学习交流论坛，激荡思想、共享成果，提升学习品位。挖掘党支部学习优势与潜力，借助徐汇区党建联建平台与资源，丰富机关内外党支部联建联学活动内容与形式，构建资源共享、优势互补的联学联建机制。落实年度调研课题，处级干部每年下基层调研时间不少于30天，结合工作实际撰写调研报告1～2篇。

构建新媒体学习平台，开创机关干部全时空学习交流新渠道。以OA局域网的“机关建设”栏目为主阵地，以法治上海公众号、上海司法行政发布微博、局党委中心组学习微平台、机关干部微课堂、上海司法政工微信群、党支部微信群等为辅助手段，打造了市司法局机关干部“1＋6”新媒体学习平台。2016年，机关干部微课堂公众号与“两学一做”学习教育紧密结合，第一时间推送中央重大会议报道和习近平总书记重要讲话，抢先做好社会热点事件舆论思想引导，定期发布弘扬真善美的小故事、陶冶艺术情怀的文化作品，累计编发各项内容200余条，有效传播新时期机关干部正能量，提升了新媒体“指尖课堂”的传播力和影响力。

（五）有成效：助力上海司法行政改革发展

学以铸魂，强化了机关干部的政治素养。坚持真学真信真用，通过组织机关党员干部重点学习中国特色社会主义理论体系，学习党的十八大与十八届三中全会、四中全会、五中全会、六中全会精神和习近平总书记系列重要讲话精神，以及党史、国史、改革开放史等内容，培育绝对忠诚的政治品格。近年来，机关干部道路自信、制度自信、理论自信和文化自信进一步增强，政治意识、大局意识、核心意识和看齐意识进一步强化。通过学习社会主义法治理念和公共管理等知识，机关干部职业素养不断提升，进取奉献、岗位建功的敬业精神进一步展示。

学以资治，提升了机关干部的履职能力。以学习型机关建设，拓展机关干部的视野和眼界，机关干部对上海司法行政“重要战略机遇期、改革创新关键期、发展方式转换期和辐射效应生发期”等新机遇、新挑战、新使命，有了新的更高的认识。为适应新形势，完成新任务，注重提升机关干部服务大局、顶层设计、攻坚克难的能力，促进机关干部注重法治思维、前瞻思考，主动融入平安建设，积极服务经济民生，扎实推进法治建设，全面夯实基层基础，积极践行严管厚爱，为司法行政改革发展贡献了才智。在履职尽责中，广大机关干部的创新社会治理能力、法律服务能力、科学管理能力、综合保障能力有了明显提升，取得了突出成绩，市司法局被司法部记集体一等功。

学以养气，激发了机关干部的奋进精神。通过深学笃行社会主义核心价值观，机关干部内心正能量不断汇聚，生成为干事创业、奋发作为的巨大精神动力，法制处（研究室）、律师工作管理处等处室被评为市司法行政系统“践行核心价值观、凝心聚力促发展”专项记功先进集体。通过深学笃行上海司法行政精神，以上海司法行政工作新一轮改革发展为落脚点，着力在理念、思维、执行、风气和形象上解放思想、更新观念，机关干部进一步做到了视野开阔、开拓创新，锐意进取、敢为人先，敢于担当、立言立行，善始善终、善作善成，进一步展示了奋发有为、克己慎行的良好形象。

三、创建效果

学习型机关建设，是市司法局机关建设的重要一环，也是机关建设的基础性工作。在局党委和领导的重视、关心和引领下，建设理念、制度、机制、措施等软件逐步提升，学习经费、场所、设施、资料等硬件日趋完备。随着建设活动渐次展开、建设质量不断提升，对建设“人要精神、物要整洁、事要规范、情要高尚”的市司法局活力机关，发挥了不可或缺的基础性作用，也丰富了机关文化建设的内涵。这项工作必须长期坚持，不断深化，才能适应事业发展的需要，满足机关干部的内在需求。下一阶段，既需要从不同年龄段的实际需求出发，积极开展分层分类学习，也需要不断丰富建设活动的载体，努力创新拓展机关干部学思践悟的学习交流平台。

四、思考启示

五年来的创建实践表明，推进学习型机关建设，必须紧扣司法行政机关的政治属性，体现学习型机关建设统一思想、提高认识、保持一致的功能；必须紧紧围绕服务中心工作，发挥学习型机关建设服务主业、助力发展的功能；必须统筹学习型、服务型、创新型和效能型机关建设，发挥学习型机关建设服务机关建设的功能；必须坚持围绕机关干部的内在需求，发挥学习型机关建设服务机关干部、提升机关干部的功能。

第三部分　专家观点

试论新形势下的学习型党组织建设①

建设学习型党组织是建设学习型服务型创新型马克思主义执政党的先导性基础工程。党的十八大报告提出，全面提高党的建设科学化水平，必须牢牢把握加强党的执政能力建设、先进性和纯洁性建设这条主线，建设学习型、服务型、创新型马克思主义执政党。2013 年 3 月 1 日，习近平总书记在中央党校建校 80 周年庆祝大会暨 2013 年春季学期开学典礼上发表重要讲话，强调指出，党的十八大提出建设学习型、服务型、创新型马克思主义执政党的重大战略任务，"把学习型放在第一位，是因为学习是前提，学习好才能服务好，学习好才有可能进行创新"②。这一论断精辟地阐明了"学习型"与"服务型""创新型"的辩证关系，阐明了学习型马克思主义执政党建设的战略地位。《关于新形势下党内政治生活的若干准则》明确指出："党的组织生活是党内政治生活的重要内容和载体，是党组织对党员进行教育管理监督的重要内容。必须坚持党的组织生活各项制度，创新方式方法，增强党的组织生活的活力"。习近平总书记的重要论述和党中央的决策部署，指明了新形势下学习型党组织建设的重要意义和工作方向。

一、加强学习型党组织建设的重要意义

(一) 建设学习型党组织是加强党的执政能力建设的基础工作

执政能力建设是党执政后的一项根本建设。党的执政能力，就是党提出和运用正确的理论、路线、方针、政策和策略，领导制定和实施宪法和法律，采取科学的领导制度和领导方式，动员和组织人民依法管理国家和社会事务、经济和文化事业，有效治党治国治军，建设社会主义现代化国家的本领。加强党的执政能力建设，必须坚持以马克思列宁主义、毛泽东思想、邓小平理论、"三个代表"重要思想和科学发展观为指导，学习贯彻习近平总书记系列重要讲话精神和党中央

---

① 作者：赵建平(中共上海市委党校副教授)。

② 习近平.习近平谈治国理政.北京：外文出版社，2014：407.

治国理政新理念新思想新战略，全面贯彻党的基本路线、基本纲领、基本经验、基本要求，以保持党同人民群众的血肉联系为核心，以建设高素质干部队伍为关键，以改革和完善党的领导体制和工作机制为重点，以加强党的基层组织和党员队伍建设为基础，努力体现时代性、把握规律性、富于创造性。加强党的执政能力建设的总体目标是：通过全党共同努力，使党始终成为立党为公、执政为民的执政党，成为科学执政、民主执政、依法执政的执政党，成为求真务实、开拓创新、勤政高效、清正廉洁的执政党，归根到底，成为始终做到坚持“三个代表”、永远保持先进性、经得住各种风浪考验的马克思主义执政党，带领全国各族人民实现国家富强、民族振兴、社会和谐、人民幸福。提高党的执政能力，关键在于搞好党的建设，不断增强党的创造力、凝聚力、战斗力。必须坚持解放思想、改革创新，坚持党要管党、从严治党的方针，紧密联系治国理政的实践，全面加强和改进党的思想、组织、作风和制度建设。基础不牢，地动山摇。只有加强学习型党组织建设，才能在加强党的执政能力建设方面打下坚实的基础。

（二）建设学习型党组织是加强党的先进性建设的科学内涵

先进性是马克思主义政党的根本特征，也是马克思主义政党的生命所系、力量所在。党的先进性建设是马克思主义政党自身建设的根本任务。开展党的先进性建设，就是要使党的理论和路线方针政策顺应时代发展的潮流和我国社会发展进步的要求，反映全国各族人民的利益和愿望，使各级党组织不断提高创造力、凝聚力和战斗力，始终发挥领导核心作用和战斗堡垒作用，使广大党员不断提高自身素质，始终发挥先锋模范作用，使党保持与时俱进的品质，始终走在时代前列，不断提高执政能力、巩固执政地位、完成执政使命。党的先进性建设的目标要求是提高党员素质、加强基层组织、服务人民群众、促进各项工作。实现这四个方面的要求，必须提升组织生活的实效性。新世纪以来，围绕加强党的先进性建设要求，党开展了先进性教育实践活动、党的群众路线教育实践活动、“三严三实”专题教育和“两学一做”学习教育等一系列党内集中学习教育实践。尤其是“两学一做”学习教育，强调“基础在学、关键在做”，是推进学习型服务型创新型马克思主义执政党建设机制化、常态化、实效化的实践创新。新形势下，不断巩固提升党的先进性建设的理论成果、制度成果、实践成果，更加需要建设学习型党组织的长效机制建设作保障。

（三）建设学习型党组织是全面从严治党的战略抓手

党的十八大以来，协调推进“四个全面”战略布局，为坚持和发展中国特色社会主义、实现中华民族伟大复兴的中国梦提供了重要的战略支撑。其中，全面从严治党，是与全面深化改革、全面依法治国相并列的战略举措。全面从严治党，着眼于保持党的先进性和纯洁性，锻造中国特色社会主义事业坚强领导核心，是我们党提高执政能力、完成执政使命的迫切要求，为全面建成小康社会、全面深化改革、全面依法治国提供根本保障。全面从严治党必须从严格党内政治生活做起。组织生活，是党员的政治生活方式。党的组织生活是党内政治生活的重要组成部分。党的组织生活是随着社会发展和党的历史任务的变化而与时俱进的。马克思主义认为："物质生活的生产方式制约着整个社会生活、政治生活和精神生活的过程。"①随着改革开放的不断深化，随着"四个多样化"格局的进一步发展，传达文件式、领导灌输式、自由漫谈式的党组织生活在很大程度上已失去了往日的吸引力和凝聚力，形式单调、内容单一的传统组织生活模式已处于不被看好却不得不参加的尴尬境地。因此，党的组织生活的创新已经提上党的建设工作的重要议事日程，而学习型党组织建设是贯彻全面从严治党战略举措的行之有效的重要抓手。大家越来越认识到，党的组织生活必须改变形式单调、资源贫乏的状况，注重在创新形式和丰富内容上下功夫，用富有时代气息的内容和多样化的方式，提高组织生活的针对性和吸引力；党组织生活必须改变党员接受教育的被动状态，变单向灌输为双向互动，变被动参加为主动投入，着力提高党员参加组织生活的主动性和选择性；党的组织生活必须改变组织形式的封闭状态，改单个组织封闭进行为打破界限、整合资源、全面开放，并接受社会监督和评判，在"开放""搞活"中增强党内政治生活的活力，增强党组织的活力，优化党的形象。

二、新形势下加强学习型党组织建设的战略地位

建设学习型党组织，事关中国特色社会主义建设伟大事业和党的建设伟大工程之大局。以党的十八大胜利召开为标志，我国已进入全面建成小康社会，加快推进社会主义现代化的新的发展阶段。21 世纪是知识经济日新月异、科技进步迅猛发展、综合国力竞争日趋激烈的世纪；是以信息网络化、科技高新化、政治多元化、经济全球化为特征，以和平与发展为主题的世纪。为更好地迎接我国在 21 世纪面临的机遇和挑战，江泽民同志高瞻远瞩，早在 2001 年 5 月 30 日召开的亚太经合组织会议上，就发出"创建学习型社会""21 世纪的中国应处处成为人人皆学之邦"的号召。在十六大报告中，他又提出"形成全民学习、终身学习的学习型社会，促进人的全面发展"的总体要求。这既是一个很重要的战略观念，也是一个富有时代精神的战略要求。建设学习型政党是构建学习型社会的必要

① 马克思，恩格斯.马克思恩格斯选集：第 2 卷.2 版.北京：人民出版社，1995：32.

条件。创建学习型社会有赖于党的组织领导，有赖于党的表率作用，建设学习型政党有助于推广学习型社会的先进理念，有助于构建学习型社会的运行机制。党的十七届四中全会鲜明提出建设马克思主义学习型政党的战略任务①，党的十八大进一步提出建设学习型、服务型、创新型马克思主义执政党的战略任务。在这一战略任务中，“学习型”被置于基础性、先导性的战略地位。

重视学习是对党的建设经验的继承与创新，建设学习型政党是提高执政能力和发展党的先进性的重要途径。建设学习型党组织，是创建学习型政党的基础部分，是实现创建学习型社会目标的核心内容。建设学习型党组织，不断增强基层党组织综合素质，提高工作效率，提升整体水平，既是时代发展的迫切需要，也是全面提高党的建设科学化水平的必然要求。建设学习型党组织，是深化“两学一做”学习教育、推进全面从严治党的实际步骤。

第一，建设好学习型党组织，才能建设好服务型创新型政党。

建设学习型党组织，是体现与时俱进品格、实践“三个代表”要求的需要。党的基层组织和广大党员要始终走在时代前列，始终体现先进性，就必须讲学习。只有加强对世界观、人生观、价值观的改造，提高整体素质，才能成为先进生产力的代表，成为先进文化前进方向的代表，成为最广大人民利益的代表。建设学习型党组织，是优化思想观念，提升业务水平，促进事业发展的需要。学习型党组织建设的核心功能在于通过学习党的基本理论、基本路线、基本方针、基本经验，特别是学习马克思主义中国化的最新成果，通过研究和吸收专业学科发展的前沿成果，进一步增强全体党员的理想信念，提高他们的管理水平、学习能力和工作热情。建设学习型党组织，是提高队伍创新能力，促进中心工作的需要。发展是党执政兴国的第一要务，创新是引领发展的第一动力。学习型组织建设正是适合创新发展需要的一个平台和机制。其重要功能就体现在激发创新、凝聚力量、和谐组织、应对变革等方面。

第二，加强学习型党组织建设，才能夯实“两学一做”学习教育常态化制度化的机制基础。

“两学一做”学习教育是面向全体党员深化党内教育的重要实践，是推动党内教育从关键少数向广大党员拓展、从集中性教育向经常性教育延伸的重要举措，是加强党的思想政治建设的重要部署。“两学一做”学习教育的战略定位，决定了它不是一次活动，而是要突出正常教育，区分层次，有针对性地解决问题。开展“两学一做”学习教育，基础在学，关键在做。“学”要带着问题学，“做”要针

---

① 胡锦涛.胡锦涛文选：第3卷.北京：人民出版社，2016：254.

对问题改。要切实增强“学”与“做”的针对性，就需要以学习型党组织的理念构建党内政治生活，特别是党的组织生活的有效机制。学习型政党是使党员本体化、组织扁平化、学习实践化、思考系统化、管理科学化、创新常态化的政党建设新载体，是以持续的、与完成任务相融合的修习和管理为手段来改善党员和党组织工作绩效的政党发展新阶段，是持续通过重新学习、革新思维和创新行动达到更新管理的政党组织形态①。学习型党组织是学习型政党的组织实现形式。党具有建设学习型政党的优良传统。进入新世纪以来，在党中央的倡导和引领下，各级党组织开展了建设学习型党组织的深入实践，有力地促进了党组织的组织形态与组织机制的更新和升级，为增强党内学习教育的针对性、有效性和常态化奠定了扎实的思想认识基础和实践机制基础。要十分珍惜建设学习型党组织所取得的成果。实践经验充分表明，只有不断加强学习型党组织建设，才能构建起时代和实践所要求的党内教育的新机制、新常态，切实教育引导党员尊崇党章、遵守党规，以习近平总书记系列重要讲话精神和治国理政新理念新思想新战略武装头脑、指导实践、推动工作，有效解决党员队伍在思想、组织、作风、纪律等方面存在的问题，促使党员进一步增强政治意识、大局意识、核心意识、看齐意识，坚定理想信念、保持对党忠诚、树立清风正气、勇于担当作为，充分发挥先锋模范作用。

第三，加强学习型党组织建设，才能有效塑造创新发展的领导力量。

创新发展理念在党的十八届五中全会确立的新发展理念中居于引领地位。创新是引领发展的第一动力。崇尚创新，国家才有光明前景，社会才有蓬勃活力。我国已经成为全球经济大国和贸易大国，但经济规模大而不强、经济增长快而不优、关键核心技术受制于人的格局没有根本改变。在国际发展竞争日趋激烈和我国发展动力转换的形势下，没有创新，就难以摆脱过多依靠要素投入推动经济增长的路径依赖，难以实现经济持续健康发展，难以成为经济强国、创新大国。因此，“十三五”时期要把创新摆在国家发展的核心位置，切实把发展基点放在创新上，深入实施创新驱动战略，塑造更多依靠创新驱动、更多发挥先发优势的引领型发展。而人是生产力中最活跃的因素，创新发展关键在于劳动者素质的提高和人才作用的发挥。8900 多万党员是我国劳动者队伍和人才队伍的骨干和中坚，是推动创新发展的重要力量。学习型党组织建设的核心价值是在组织学习基础上推进创新突破。通过学习型党组织建设，激发和培育广大党员的

① 于景森.2009.学习型政党研究：关于中国共产党建设学习型政党的历史、理论与实践.北京：人民出版社：108.

创新发展意识与责任担当，对于坚持和推动创新发展具有决定意义的重大作用。只有加强学习型党组织建设，把每一个党组织都建设成为聚焦中心工作的学习型党组织，才能确保党充分发挥创新发展的领导核心作用。从上海的实际来看，学习型党组织建设为上海当好改革开放排头兵、创新发展先行者集聚了强大的内生动力。2017 年 3 月 5 日下午，习近平总书记参加十二届全国人大五次会议上海代表团审议时，要求上海解放思想，勇于担当，敢为人先，坚定践行新发展理念，深化改革开放，引领创新驱动，继续按照当好改革开放排头兵、创新发展先行者的要求，在深化自由贸易试验区改革上有新作为，在推进科技创新中心建设上有新作为，在推进社会治理上有新作为，在全面从严治党上有新作为，不断增强吸引力、创造力、竞争力，加快建成社会主义现代化国际大都市①。这既蕴含着对上海工作的肯定，也从国家战略的高度表达了对上海改革开放、创新发展的殷切期望。在阐述上海要在全面从严治党上有新作为时，习近平总书记强调指出，推进全面从严治党，必须做好抓基层、打基础的工作，使每个基层党组织都成为坚强战斗堡垒②。实践经验表明，在新形势下，上海要推进"十三五"发展，当好具有吸引力创造力竞争力的"排头兵、先行者"，必须高度重视加强学习型党组织建设，激发各级党组织和广大党员、干部的改革勇气与创新活力，强化实现"四个新作为"的内生动力和组织支撑。

三、建设学习型党组织的理论内涵

"我们党是以组织的形式存在和发展的，正是通过遍布全国各地、各条战线和各个单位的党的组织，我们党才成为一个有统一意志、统一行动的整体。各级党组织是贯彻党的理论和路线方针政策的组织者、推动者、实践者。建设学习型政党，基础在各级党组织"③。建设学习型党组织，就是要在加强思想建设、组织建设、作风建设、队伍建设的过程中，更加注重党员和职工在系统思考、团队学习、不断创新、自我超越等方面的能力培养，形成"在工作中学习、在学习中工作"的氛围，通过培育和提高学习力，进一步增强基层党组织的创造力、凝聚力和战斗力。

建设学习型党组织，是在马克思主义执政党建设理论指导下，借鉴和吸收学习型组织理论和技术于党的基层组织建设实践的尝试，是党员队伍教育管理的

① 新华社.2017－3－6.希望上海有新作为，增强吸引力创造力竞争力.解放日报.第 1、7 版.

② 新华社.2017－3－6.希望上海有新作为，增强吸引力创造力竞争力.解放日报.第 1 版.

③ 刘云山.2009.把建设马克思主义学习型政党作为重大而紧迫的战略任务抓紧抓好//本书编写组编著.2009.党的十七届四中全会《决定》学习辅导百问.北京：党建读物出版社、学习出版社：88.

一场深刻的革命。学习型组织理论是20世纪90年代以来，在管理理论实践中发展起来的当今世界最前沿的管理理论。彼得·圣吉认为，学习型组织是一个不断创新改变的组织，在其中，人们得以不断突破自己的能力上限，创造真心向往的结果，培养全新、前瞻而开阔的思维方式，全力实现共同的抱负，以及不断学习如何共同学习，并提出了五项修炼，即自我超越、改善心智模式、建立共同愿景、团队学习和系统思考。学习型组织是包含个人、团队、组织等层面的学习，经由创新改变、知识转换，培养组织成员持续的学习力，形成良好的组织学习文化，不但有助于个人知识、信念及行为的改变，也能借此促进团队创造、运用并转化知识，进而强化组织持续创新的能力，以适应不断变化的环境。作为一种学习导向战略，学习型组织理论揭示了"学习—修炼—提升"的强化组织竞争力的有效机制。实践经验充分表明，学习型党组织建设是提升组织生活实效性、增强党组织战斗力、凝聚力、创造力的有效机制。

学习型党组织建设是一个系统工程，是有关理念、机制、方法、组织结构等的有机结合。党的组织生活制度内在地包含着建设学习型党组织的要求。按照《中国共产党党章》的规定，党的组织生活要求是：① 每个党员，不论职务高低，都必须编入党的一个支部、小组或其他特定组织，参加党的组织生活，接受党内外监督。② 党的民主生活会一般每年召开一次。党的民主生活会以组织学习和开展批评与自我批评为主要内容。③ 坚持党性原则。党的组织生活应以增强党性观念为第一原则，经常不断地有针对性地对党员进行党性教育。④ 注重解决突出问题。党的组织生活要在不断提高党组织解决内部矛盾能力上下功夫，进而增强党的组织生活的针对性和实效性。一般每次民主生活会要解决的问题不能过多，重点要突出，并在会前广泛地征求党外群众的意见，结合本单位的中心工作和党员、党组织的实际情况，抓住带有根本性、原则性的问题，在组织生活中进行解决。⑤ 开展积极的思想斗争。党组织要通过组织生活形式，教育党员克服患得患失思想，树立高度的政治责任感，自觉拿起批评与自我批评的武器，敢于开展积极的思想斗争，党组织要注意保护批评者，严肃处理压制批评、打击报复的人。要从团结的愿望出发，通过开展积极的思想斗争，达到团结之目的。⑥ 坚持民主生活经常化、制度化。党员参加组织生活，是党内生活的一项重要制度，必须坚持党的组织生活的经常化和制度化。同时，随着社会主义市场经济的不断完善，对传统的组织生活方式方法提出了新的课题，各级党组织要经常研究组织生活中出现的新情况、新问题，不断探索新的形式，总结创造适应新形势和新变化的好经验，切实提高民主生活的质量。

"五项修炼"是学习型组织理念与技术的主要内容，也是学习型组织成长、发展的核心机制。学习型党组织建设，就是要形成符合党的建设科学化要求、体现学习型组织理念的有效机制，夯实党员坚定理想信念、投身改革创新、追求卓越业绩的组织生活基础。

(一) 建立共同愿景

建立共同愿景(building shared vision)是学习型组织理论提出的“五项修炼”之一，它是激发组织活力、增强组织凝聚力的重要途径。共同愿景是指大家共同愿望的景象，是在人们心中一股令人深受感召的力量。共同愿景在创建学习型组织中的作用是巨大的，没有共同愿景就不会有学习型组织。共同愿景是由相互渗透的组织目标、价值观、使命感组成的，它对其组织成员将发挥导向作用、凝聚作用、激励作用和规范作用。愿景、目标、理想虽有不同内涵，但紧密联系在一起。目标属于方向性的，比较广泛；愿景则是一个特定的结果，一种期望的未来景象；理想是人们对未来事物有合理根据的想象或希望。愿景在理想的指引下才能实现其自身价值。在我国，最高理想和共同理想都是崇高正确的、积极进步的理想。党的最高理想和最终目标是实现共产主义。把我国建设成为富强、民主、文明、和谐的社会主义现代化国家，实现中华民族伟大复兴的中国梦，是中国共产党和全国各族人民的共同理想。中国共产党领导的新民主主义革命，是革命先烈和全党、全国各族人民长期奋斗的结果，是人民军队千百次艰苦卓绝、浴血奋战的结果。中国共产党和人民军队走过了从无到有、由弱到强的艰难历程。如果没有解放全中国的革命理想把人民群众组织起来，凝聚在一起，是不可能取得中国革命胜利的。中华民族的光荣传统永远是无价精神财富。中国共产党人从战争中学习战争，从经济建设中学习经济建设，在政治多极化、经济全球化的今天，率领全国人民为全面建成小康社会而不懈奋斗，这里面都凝聚着民族共同愿景的精华，都闪耀着中国共产党人和中国人民为理想而奋斗的光芒。建设学习型党组织，就是要重视运用“共同愿景”理念和技术，为确立远大理想和共同信念，为沟通、整合理想信念和经济社会发展目标，提供有效机制。

(二) 自我超越

自我超越(personal mastery)的修炼是指：通过学习不断认清并加深个人的真正愿望，集中精力，培养耐心，并客观地观察事实。组织整体对学习的意愿与能力，植根于个别成员对学习的意愿与能力；组织目标的实现，依赖于个体目标与组织目标是否一致。因此，自我超越是学习型组织和其余四项修炼的基础。有了它，才能使组织经由系统思考与团队学习的过程，不断改善其成员的心智模式，发挥创造力，朝着共有的理想迈进。自我超越为党的组织生活的开展打开了新的视角。组织生活中的理论学习、热点讨论、批评与自我批评以及参观体验、自我反思等,都可以看作党员依托组织生活的自我超越实践。建设学习型党组织,就是要重视和运用"自我超越"理念和技术,促进尊重党员主体地位、发挥党员在组织生活中的主体作用。

(三)改善心智模式

心智模式是根深蒂固于心中,影响人们如何了解这个世界,如何采取行动的许多假设、成见或图像、印象,是对于周遭世界如何运作的既有认知。人们通常不易察觉自己的心智模式,以及它对行为的影响。其实,"心智模式"是一种思维定势,这里所说的思维定势并非是一个贬义词,而是指人们认识事物的方法和习惯。当人们的心智模式与认知事物发展的情况相符,就能有效地指导行动;反之,当人们的心智模式与认知事物发展的情况不相符,就会使自己好的构想无法实现。所以,要保留心智模式科学的部分,完善不科学的部分,取得好的成果。改善心智模式应专注于以开放的方式,承认自己认知方面的缺失,不断改善自己的心智模式,学习和做事会变得更有效果。建设学习型党组织,就是要重视和运用"改善心智模式"理念与技术,促进党员和党组织坚持解放思想、实事求是、与时俱进、求真务实的思想路线和科学精神,激发组织学习的内生动力和创新活力。

(四)团队学习

团队学习(team learning)是指转换对话及集体思考的技巧,让群体发展出超乎个人才华总和的伟大知识和能力。团队学习是一项集体修炼,它能确保组织生存,是学习型组织的基本学习方式,是构建学习型组织的基本过程。团队学习的核心是凝聚和激发群体智慧与潜能。最终结果是形成团队精神。所谓团队精神,就是所有团队成员都为了一个共同的目标,自觉地担负起自己的责任,并甘愿为了团队而牺牲自己的某些利益。分工合作、相互照应、以快速敏捷的运作有效地发挥角色所赋予的最大潜能是团队精神的具体表现。建设学习型党组织,就是要重视和运用"团队学习"理念和技术,增强党组织的战斗力、凝聚力和创造力。

(五)系统思考

系统思考(systems thinking)就是把所处理的事物看作一个系统,要看到其中的组成部分(元素或子系统),还要看到这些组成部分之间的相互作用,并以总体的角度把系统中的人、财、物、能量、信息加以处理和协调。在实践中,用系统思考解决实际问题,就是要统筹兼顾各个方面的关系,做到看长期处理近期,看全局掌握局部,看动态把握静态。系统思考解决的是学习方法论的问题。从系统思考的内涵和特征来看，其本质就是唯物辩证法。建设学习型党组织，就是要重视和运用“系统思考”理念和技术，促进党员和党组织学习并运用科学的思想方法和工作方法，研究新情况、解决新问题、总结新经验、创造新业绩、开创新局面。

总之，学习型组织的基本理念和核心技能，符合党组织建设的内在要求，并且为党组织建设和提高组织生活的实效性提供了一套系统化、机制化的操作手段。在改革开放的进程中加强党的建设，就应当在坚持在发扬党重视学习、善于学习、善于重新学习的优良传统的同时，吸纳世界先进的管理机制创新成果，借鉴国际上科学的组织管理经验，推进党的建设科学性、实效性不断提升。

四、新形势下推进学习型党组织建设的策略选择

作为建设学习型服务型创新型马克思主义执政党的先导性基础工程，建设学习型党组织本身也是一项系统工程。只有根据新形势、新任务、新要求，优化实施策略，实现新的作为，才能取得建设学习型党组织的新成效。

（一）在强化战略规划上有新作为

一要以全面从严治党的新理念、新思想、新战略为统领优化顶层设计。党的十七届四中全会《中共中央关于加强和改进新形势下党的建设若干重大问题的决定》（简称《决定》）把“建设学习型党组织”作为建设马克思主义学习型政党、提高全党思想政治水平的重要举措，确立为党的建设的重要议程，并且明确了其重要工作内容。实践经验表明，建设学习型党组织首先必须向党中央的有关决策部署看齐，结合形势任务和党组织实际做好顶层设计、优化战略规划，以增强工作中的原则性、系统性、预见性和创造性。在新形势下推进建设学习型党组织，必须坚持以全面从严治党战略为统领，适应加强和规范党内政治生活的新形势、新任务、新要求，坚持正确的政治方向，认真贯彻落实党的十八届六中全会精神，强化顶层设计。第一，坚定不移推进全面从严治党的高度，着力提升战略站位。全面从严治党是党的十八大以来党中央抓党的建设的鲜明主题。这一主题的确立，基于对历史经验的正确总结和对形势的科学判断。历史经验反复说明，办好中国的事情，关键在党，关键在党要管党、从严治党。而在新的历史条件下要更好地进行具有许多新的历史特点的伟大斗争、推进中国特色社会主义伟大事业，就必须以更大的力度推进党的建设新的伟大工程，坚定不移推进全面从严治党。建设学习型党组织是全面从严治党的重要任务和重要举措，在优化顶层设计上必须紧紧围绕全面从严治党主题，遵循“核心是加强党的领导、基础在全面、关键在严、要害在治”的战略要领和基本规律，提高战略思维能力。第二，从贯彻加强

和规范党内政治生活的总体要求高度，着力校准政治准星。加强和规范党内政治生活，是新形势下加强党的建设十分重要的课题，也是推进全面从严治党的重要抓手。建设学习型党组织是加强和规范党内政治生活的有效载体。要做好建设学习型党组织的顶层设计，必须自觉地站在新形势下加强和规范党内政治生活的高度，坚持以党章为根本遵循，坚持贯彻党的政治路线、思想路线、组织路线、群众路线，努力营造崇尚学习的浓厚氛围、优化有效学习的工作机制，着力增强党内生活的政治性、时代性、原则性、战斗性，着力增强党自我净化、自我完善、自我革新、自我提高的能力，着力提高党的领导水平和执政水平、增强拒腐防变和抵御风险能力，着力维护党中央权威、保证党的团结统一、保持党的先进性和纯洁性，强化党组织发挥战斗堡垒作用、党员发挥先锋模范作用的内生动力和创新活力。第三，坚持问题导向，着力优化工作规划。要依据全面从严治党的新形势、新要求，运用全面从严治党理论创新成果，研究分析学习型党组织建设面临的新情况、新问题，制定新形势下加强学习型党组织建设的总体规划和实施方案，确立新形势下建设学习型党组织的新理念、新目标、新战略，明确新形势下学习型党组织建设的推进步骤和阶段性目标、重要任务和重点举措等，形成科学系统的建设学习型党组织“路线图”“任务表”“责任清单”。

二要把加强理论武装、坚定理想信念摆在首要位置。建设马克思主义学习型政党，必须按照科学理论武装、具有世界眼光、善于把握规律、富有创新精神的要求，把各项工作抓实抓好。坚持把马克思主义作为立党立国的根本指导思想，紧密结合我国国情和时代特征，大力推进理论创新，在实践中检验真理、发展真理，用发展着的马克思主义指导新的实践，是建设马克思主义学习型政党的首要任务。党在长期执政实践中积累的首要的执政党建设经验就是坚持把思想理论建设放在首位，提高全党马克思主义水平。用中国特色社会主义理论体系武装全党是建设马克思主义学习型政党的核心要求。党员干部模范学习实践社会主义核心价值观，是建设马克思主义学习型政党的重要任务。这就充分表明，建设马克思主义学习型政党、建设学习型党组织，是事关党和国家兴衰成败、确保党始终成为中国特色社会主义事业的坚强领导核心的重大政治命题。因此，加强思想政治建设也是建设学习型党组织的首要任务和价值取向。建设学习型党组织，必须坚持把加强党员的理论武装和党性修养放在首位，不断增强党的组织生活的政治性、时代性、原则性、战斗性，促进党员学用结合、知行合一，以自觉的主动性和旺盛的创新力贯彻党的政治路线、思想路线、组织路线、群众路线，不断提高立党为公、执政为民、改革创新的主动性、积极性、创造性。要坚持思想建党与制度治党有机结合，坚持思想领先，把坚定理想信念作为学习型党组织建设的首要任务，教育和引导党员把对马克思主义的信仰、对社会主义和共产主义的信念作为毕生追求，坚定对中国特色社会主义的道路自信、理论自信、制度自信、文化自信。要严明党的纪律，严格党的组织生活，加强党内监督，织密党组织严肃认真地开展活动的制度笼子，以科学化、规范化的机制保证党组织学习活动进入常态化、制度化轨道。

三要始终把改革创新精神贯穿于建设学习型党组织全过程。改革创新是时代精神的核心，党中央反复强调要始终把改革创新精神贯穿于治国理政的各个环节、贯穿于全面推进党的建设新的伟大工程。建设学习型党组织是与时俱进的理念创新、制度创新、工作创新过程。只有始终把改革创新精神贯穿于建设学习型党组织全过程、各环节，才能使这项工作真正成为建设“求真务实、改革创新”的马克思主义执政党的有机组成部分，才能使这项工作真正有助于增强党内生活的政治性、时代性、原则性、战斗性和党自我净化、自我完善、自我革新、自我提高能力。要以自我革命、自我革新的使命担当和责任自觉看待并推进学习型党组织建设，实现党组织生活的理念更新、机制优化和流程再造，增强党组织建设改革创新的系统性、整体性、协同性。要以全面创新理念引领和推进学习型党组织建设，发挥理论创新的引领作用、制度创新的保障作用、科技创新的支撑作用、文化创新的滋养作用。要坚持继承和创新相结合，不断总结学习型党组织建设的优良传统、宝贵经验和成功做法，同时适应全面从严治党的新形势、新任务和实践要求，研究新情况、解决新问题，实现工作内容创新、实践形式创新和工作方式方法创新，切实做到稳中求进、进中求新、与时俱进。

（二）在优化学习型组织生活机制上有新作为

“学习型”机制是学习型党组织区别于传统组织生活模式的重要特征，优化“学习型”机制是建设学习型党组织必须紧紧抓住的核心环节。党的组织生活是党组织对党员进行教育、管理、监督的主要形式和有效途径，参加党的组织生活也是党章对党员的基本要求。党的组织生活，主要是指由党支部委员会和党小组组织召开的，以上党课、学习党内文件、汇报思想、总结报告工作等为主要内容的活动或会议，支部委员会或党小组召开的组织生活会，以及党员领导干部单独召开的党内民主生活会。党的组织生活与党的生活既有联系，又有区别。党的生活所指的范围比较广泛，包括党的各种活动，例如，党的小组会、支部党员大会、支部委员会会议、党的委员会会议、党代表大会和代表会议、党内选举、党的民主生活会、上党课、集体阅读党刊和党内文件、听取党内报告，以及党内的其他政治活动等都属于党的生活。组织生活也与组织生活会有所不同，组织生活会只是党的组织生活的一种形式或一项内容。要全面落实十八届六中全会关于严格党的组织生活的规定，以学习型党组织的理念和方法坚持与完善党的组织生活制度，特别是“三会一课”制度，突出政治学习和理论教育，突出党性锻炼，有效破解组织生活中长期存在的表面化、形式化、娱乐化、庸俗化问题。

新世纪新阶段的理论探索和实践创新充分表明，“建设马克思主义学习型政党的战略任务必须落实到基层，每一个党组织都要认真履行组织党员学习的职责”①。其关键是借鉴运用学习型组织和现代培训理论与方法，着力推进优化组织学习有效机制，增强组织生活实效性。

一是目标愿景化。共同愿景的修炼，对于学习型党组织的建设至关重要，它为学习和实践提供了焦点与能量。共同愿景是党组织成员共同创造的清晰明朗的未来景象，因此它能够成为党员发自内心的、衷心向往的、倾注热情的、产生勇气的一种自觉追求。

二是工作学习化。“工作学习化、学习工作化”，这是学习型组织的重要特征，也是其突出优势。要坚持学习与思考、与运用、与创新相结合，努力提高学习效果。党组织面临的每一项新任务都是一个全新的挑战。要保质保量按时完成任务，唯一的途径就是学习、学习、再学习。要努力把完成工作任务的过程变为全体党员努力学习、积极探索的过程。

三是学习团队化。学习型组织的学习是团队学习。这是它区别于其他学习活动最主要的地方。这是发展党员整体能力与实现共同目标的关键过程。团队学习不是全员读书，而是通过对问题反复的假设、实践、检验，追求真理的探讨过程，是提高能力的过程。成果共享是团队学习的关键。它要求将成员各自拥有的专有知识共有化，让学习成果共享。

四是党课互动化。党课互动化能够在互动中提高政治理论和业务知识学习的学术含量，提高党员的理性思维水平，促进大家在相互交流和分享中改善心智模式，实现自我超越。实现党课互动化，才能使党员成为党课教育活动主角，在广大党员之间架起思想交流、观念碰撞、问题探讨的桥梁，才能有效增强党课的活力，增强党课的参与性和吸引力，提高党课质量。要充分利用实践中创造的学习园地、学习专栏等形式和网络视频、微信群等新技术记录展示学习活动、学习成果和党员学习交流风采，实现学习过程可视化，以此促进分享互动、激励学习士气。

五是方式多样化。学习型党组织的建设，并不是仅仅局限于人们在一块读文件、读书、讨论。实际上，读书读报是学习，工作实践和社会实践也是重要的学

① 胡锦涛.胡锦涛文选：第3卷.北京：人民出版社，2016：255.

习。作为提升组织生活实效性的实践形式，建设学习型党组织的方式也应当是丰富多样、生动活泼的。要用好传达动员式，完善体验考察式、参与式，扩大开放式，引入案例研讨等方式，进一步丰富和细化组织生活的方式。

六是践学机制化。建设学习型党组织是深入推进“两学一做”学习教育的有效途径，其核心要领是“基础在学、关键在做”。学习的目的全在于应用。建设学习型党组织，必须落脚到践学机制化。这是创建成功的根本保证，也是提升组织生活实效性的根本保障。要通过践学机制化，推动党员立足岗位做贡献、做“四讲四有”合格党员。机制是一个系统内相互联系的构成要素按照固有的规律和既定的规则运行所具有的特定的功能。要健全领导体制和工作机制、责任机制、日常交流机制、考评机制。其中，健全党员践学考评机制，具有十分重要的意义。只有健全践学考评机制，才能真正提升组织生活的实效性。做好这项工作，需要在深入实践的基础上实现考评的科学化、民主化、制度化，而不是设定一套指标体系就可以做到的。考评机制的健全和完善，是与建设学习型党组织的实践发展程度相一致的。要针对基层党组织所在单位、行业的职能使命和党员的岗位职责，提出党员发挥作用的具体要求，制定优化学习绩效评估指标体系，引导和促使党员学以致用、以知促行，把学习收获转化为改进工作的有效举措、优化岗位行为的实际行动、提高履职绩效的内生动力，推动发展的实际成效，从而推动学习成果实效化。

（三）在健全组织保障上有新作为

一要抓住“关键少数”，坚持健全党内学习制度。全面从严治党，关键是要抓住领导干部这个“关键少数”。建设学习型党组织，也要坚持运用这个管党治党的规律，牵住“关键少数”这个“牛鼻子”。要注重发挥党员领导干部的示范带头作用，严格执行双重组织生活制度，促使党员领导干部牢固树立建设学习型党组织的科学理念，自觉承担起组织领导学习型党组织建设的政治责任，与所在党组织党员一起学习讨论、一起分析解决问题、一起创新攻坚。要坚持和创新党内学习制度，以党委（党组）中心组学习等制度为主要抓手，推动各级党组织定期开展集体学习。领导干部坚持定期参加党校学习制度，充分发挥党校、行政学院、干部学院和国民教育体系在建设学习型党组织中的培训支撑作用。健全党内重大思想理论问题分析和情况通报制度，强化互联网思想理论引导，把深层次思想理论问题讲清楚、说明白，营造导向正确、活跃有序的舆论环境，帮助党员、干部站稳政治立场，分清是非界限，坚决抵制错误思想侵蚀，不断增强干事创业的使命担当和创新勇气。

二要尊重发挥基层首创精神，注重鼓励和推动基层自主开展创新探索。要结合“两学一做”学习教育的常态化推进，引导和鼓励各级党组织根据《中国共产党党章》中关于基层组织建设的有关规定和学习型组织的基本特点，特别是深入开展“两学一做”学习教育、加强和规范党内政治生活的新任务、新要求，结合本地方、本部门、本单位发展的实际，抓实“基础在学”、抓准“关键在做”，探索切合实际的学习型党组织建设机制、载体和方式方法，不断推进学习型党组织建设的创新发展。要针对不同群体党员、不同行业和领域党组织的实际情况，提出建设学习型党组织的具体要求，以富有创新特色的组织学习形式和机制，增强党的组织生活的活力，发挥党组织引导党员牢记党员身份、立足岗位、创新进取、履职尽责的组织功能。要把学习型党组织建设贯穿于农村、社区、机关、企事业单位党组织引导和促进党员立足岗位做贡献的实践过程中，实现全覆盖，促进建设学习型党组织与各项基层工作扭成一股绳。

三要健全考评激励机制，增强建设学习型党组织的主动性、积极性、创造性。第一，健全对党组织的考评激励。要根据全面从严治党的战略要求，着眼于提高组织生活实效性，在加强科学研究的基础上，研究制定学习型党组织建设的考核评估指标体系，发挥科学指标对学习型党组织建设健康持续发展的“指挥棒”作用。组织生活的实效性，应当是指组织生活的开展在贯彻执行党的理论和路线方针政策、促进中心工作、满足党员全面发展需求方面的实际成效。组织生活的实效性的评价指标设计，应当把握价值和事实两个基本维度。价值层面的考评，包括组织生活是否满足大多数党员的需要，是否有利于中心工作的推进，是否有利于增强党员的主动性积极性、创造力战斗力，是否有利于增强党组织的活力、凝聚力、吸引力，是否有利于加强党的执政能力建设和先进性建设，是否有利于树立“三个代表”的良好形象，是否有利于推进全面从严治党向基层、向广大党员延伸，是否有利于推进“两学一做”学习教育常态化制度化等。事实层面的考评，主要包括四项标准：① 组织生活的经济标准，即党组织投入到组织生活方面的资源水准，它所针对的问题是：“组织上在既定的时间内，究竟花了多少钱？是否是按照规范的程序花费金钱？”② 组织生活的效率标准，即组织生活的成果与所投入的成本之间的关系，它所针对的问题是：“在既定时间内，组织生活的预算投入究竟产生了什么样的效果？”③ 组织生活的效能标准，即组织生活实现目标的程度，包括现状的改变程度和行为的改变程度，它所针对的问题是：“情况是否得到改善？”④ 组织生活的回应性标准，即组织生活满足党员发展和党组织建设的需求的程度。要把建设学习型党组织的实效性的考评纳入党的建设领导工作体系，巩固“两学一做”学习教育所取得的理论成果、制度成果和方式方法成果，完善并深化已有的评选学习型党组织的工作机制，通过考评激励引导各级党组织创造性地开展工作。第二，加强对党员学习的考评激励。要在总结党员岗位自学、自主选学、“干部在线学习城”以及上党课等经验和做法的基础上，研究制定贯彻落实党中央《关于新形势下党内政治生活的若干准则》中关于“党员、干部每年要完成规定的学习任务”的要求的制度安排和工作机制，把学习数量和学习质量两方面的考评统一起来，并且与“学习型党员”评比表彰相结合，营造崇尚学习、鼓励创新的浓厚氛围和优良环境。第三，加强对干部学习的考评激励。从严治党的重点，在于从严管理干部。对干部学习的严格要求、严格管理，是从严管理干部的重要方面。要把激励干部带头学习创新与从严管理干部紧密结合起来，明确干部学习要求，严格干部学习纪律，强化干部学习考评，引导和推动干部自觉加强理论武装、加强党性修养、提高创新能力。在“学习型党员”评比表彰基础上，设计开展“学习型干部”评比表彰，激励干部立足岗位潜心学习，学以修身、学以明志、学以创业。要深化选人、用人制度创新，把理论素养、学习能力作为选拔任用领导干部的重要依据，按照“信念坚定、为民服务、勤政务实、敢于担当、清正廉洁”的好干部标准和推进实施“十三五”规划对领导干部素质和能力的“政治强、懂专业、善治理、敢担当、作风正”要求，细化、完善对干部的“学习型”考核评价体系，激励干部勤奋学习、奋发有为，在建设学习型党组织实践中走前头、做表率。

延安时期，毛泽东向全党提出了“改造我们的学习”的任务。建设学习型党组织，是当代中国共产党人关于在新形势下继续改造学习的新理念、新思路、新战略。全面从严治党永远在路上，建设学习型、服务型、创新型马克思主义执政党永远在路上，建设学习型党组织、更好地改造学习的探索永远在路上。好学才能上进，会学才能获益。“中国共产党人依靠学习走到今天，也必然要依靠学习走向未来。我们的干部要上进，我们的党要上进，我们的国家要上进，我们的民族要上进，就必须大兴学习之风，坚持学习、学习、再学习，坚持实践、实践、再实践”[①]。只有加强学习型党组织建设、提高组织生活实效性，不断推进党组织学习的时代化、自觉化、机制化、常态化、科学化，才能不断激发广大党员不忘初心、继续前进的思想自觉和行动自觉，为全面加强党的领导，坚持和发展中国特色社会主义做出应有的贡献。

---

① 习近平.习近平谈治国理政.北京：外文出版社，2014：407.

学习型高校创建：问题与对策[①]

在当代社会，高等院校作为一种高度系统化的组织体系具有举足轻重的社会影响，其既要起到教育民众、为国抡才的作用，又要发挥科技创新、提升国家核心竞争力的功能。因此，如何提升高校的教学科研质量，对每一个国家而言，都是一项重要的社会性工程，关乎社会的整体福祉。如果将高校看作一类特定的组织体的话，那么，这些重要的社会功能的发挥离不开高校组织体的持续创新能力。在这方面，美国管理学者彼得·圣吉所提出的学习型组织理论恰恰从组织管理的角度指出，为了保证自身的持续创新能力，一个组织体应具有的能力和特征。本报告从圣吉的学习型组织理论出发，分析考察了在当下创建学习型高校的过程中所存在的问题及可能的对策。

那么，什么是学习型组织呢？彼得·圣吉在他所著的《第五项修炼》中将其描述为这么一种组织，“在其中，大家可以不断突破自己的能力上限，创造真心向往的结果，培养全新的、前瞻而开阔的思考方式，全力实现共同的抱负，以及不断地一起学习如何共同学习。”基于圣吉的理论，创建学习型组织的核心原则是形成系统思考(system thinking)。与一般的思考模式不同，系统思考将思考问题的重点置于整个系统之上，而非特定的系统元素。因此，形成系统思考的组织强调透过各种信息的搜集、整理，掌握组织工作的全貌。这样，组织工作便可以避免只见树木、不见森林的问题，培养组织成员的全局意识和思考能力。系统思考如此重要，其形成有赖于组织中的个体培养特定的特征和能力，这些特征和能力具体包括自我提升与超越的能力(personal mastery)，打破固有思维惯性的能力(improving mental models)，与同伴形成共同愿景的能力(building shared vision)，以及团队协作、共同学习的能力(team learning)。在下面的讨论中，笔者将立足于这些特征与能力，针对高校创建学习型组织的意义、建设要点、推进策略和现有经验等展开系统讨论。

---

① 作者：胡安宁(复旦大学社会学院教授)。

一、高校创建学习型组织的意义

高等院校之所以要创建学习型组织，其意义主要体现在以下三个方面：

首先，学习型高校的建设关系到国家的核心科技竞争力和社会整体的繁荣稳定。一个国家的稳定与繁荣是与这个国家的创新能力分不开的。经过改革开放后几十年的发展，当下中国社会进一步发展的动力在于创新能力的培养。对于任何一个国家，高等院校都是全社会创新能力的重要培养机构。而高等院校是否能够完成“社会创造力之源”这一重要任务，很大程度上取决于高校自身是否是一种具有创新机制的组织体。鉴于此，高等院校需要创建学习型组织，唯有如此，高等院校才能够源源不断地为国家提供科技人才和社会建设人才，保证国家的科技竞争力与社会发展的质量。

其次，学习型高校的建设关系到国家的人才培养与人力资源储备。自1999年高等教育扩招以来，对很多家庭的学子而言，进入大学学习已经不再遥不可及。换句话说，今天的中国社会已经逐渐进入“全民高等教育”的年代。既然如此，高等教育过程对人才的培养就不再仅仅是一种针对少数个体的精英教育，而是一种关系到社会大多数人的普遍性教育。在这方面，学习型高校的创建直接关系到高校所培养的毕业生的基本素质。学习能力低的高校组织往往将重点放在对固有知识的“填鸭式”传授，而学习能力高的高校组织则能够培养学生的学习能力和积极的学习心态。无疑，面对知识更新速度日益提升的现代社会，后面一种学习型高校具有更强的适应能力，其培养的学生也在社会上乃至在国际上具有更强的竞争力。故而学习型高校的创建关系到全社会的人才质量。

最后，学习型高校的建设关系到国家不同组织机构的学习型组织体系创建。中国高等院校体系的特点在于很多高校是由特定政府部门对口财政支持的。例如，教育部直属高校，地方政府直属高校等。因此，高校组织本身可以看成更大的公共组织的一部分。考虑到高等院校的这一特点，笔者认为，高等院校学习型组织的创建，其受益者并不仅仅是高校自身，也包括其他类型的公共组织，例如，与高校紧密联系的各种政府部门。高校学习型组织的成功建设不仅为其他类型的公共组织树立了一种典型，也为它们提供了宝贵的实践经验。

二、高校创建学习型组织的建设要点

高校学习型组织的创建需要首先明确其基本目标，即围绕科研与教学活动这两大核心任务，高校教师与管理人员应当通过学习型组织的创建与优化形成终生学习的目标，将个人能力素质的提升与相关知识、技能的学习落实到工作过程中的每个细节。通过这种能力的提升，在教学与科研过程中做到勇于创新，以逐渐形成个人愿景与所在高校单位发展目标的协调统一。

高校学习型组织的创建应抓住队伍建设与制度建设这两大抓手。队伍建设应当有的放矢，对关系到高校发展的重要学科与领域，着力吸引国内外高级人才，通过这些高级人才的示范作用，在全校范围内形成重学习、讲创新的良好氛围。此外，队伍建设应注意对青年教师的培养，让其在事业的起步阶段就树立起创新发展的观念。制度建设方面，重视对现有制度的优化、升级以及改革。重点发展与建设人事制度、财务制度、教学管理制度等与高校创新高度相关的制度类型。打破原有制度的瓶颈，做到不同制度的有序、和谐、健康发展。

高校学习型组织的建设离不开强有力的组织领导。在这方面，应当充分调动学校行政管理人员与教学科研人员的积极性。高校应当成立创建学习型高校的领导小组，负责相关组织领导工作。该小组充分吸收教学、科研第一线的教师代表，最大限度地与高校工作实际相结合。在创建学习型高校过程中，该领导小组的职责包括学习型组织理论的学习与推广、建立创建学习型高校的工作计划、协调学校不同部门之间关系、督察创建学习型高校工作计划的落实情况等。与创建学习型高校的领导小组相配合，相关的院系、研究中心以及学校的服务部门应当确定创建学习型组织的专门人员。该人员与所在学校部门的教师密切配合，结合本部门的工作实际，针对创建学习型的院系、研究中心以及服务部门，形成切实可行的工作计划，并协助实施。

高校学习型组织的创建可以分为三个基本步骤。第一步为理念推广阶段，第二步为组织实施阶段，第三步为巩固提高阶段。针对每一个阶段，有不同的工作侧重点和实施方案。

（一）理念推广阶段

理念推广阶段，顾名思义，是对学习型组织理论进行理念导入和大力宣传。通过自学与专家讲座的方式，让高校教师与服务人员了解并熟知五项修炼理论，并能够将相关理论应用于自己的工作实际，明确高校创建学习型组织的重要性和必要性，以及高校创建学习型组织的基本过程和所要达成的目标。学习型组织理念的推广切忌纸上谈兵，而应当坚持自身领悟和参观学习相结合，充分借鉴其他高校以及其他领域内相关组织团体的成功经验，并努力做到在本高校内的转化。学习型高校的理论推广应当同时兼顾对高校基本情况的掌握，以便为后续的实施打下基础。具体而言，这一阶段需要充分调动学校各个部门的积极性，将目前有碍本部门创新、学习的各种制度性或非制度性问题与困境通过本部门的专门人员上报学校领导小组。学校亦可以自上而下推动针对基层科研、教学情况的调研。通过问卷调查、焦点小组、个案访谈等多种方式，多维度、立体化地针对本学校的基本情况形成全面的图景，并在此图景中标识出构建学习型高校可能遇到的机遇与挑战。

（二）组织实施阶段

高校创建学习型组织的组织实施阶段是整个创建过程的核心步骤，其关系到学习型高校创建过程的成败。在这一步，首先需要完成的是在学校的各级机构中间形成一套具有高度执行力的领导班子。领导班子在学校领导小组的直接管理下，结合本部门的工作实际，具体组织实施本部门的学习型组织的创建工作计划与后续落实。此外，该领导班子将具体负责本部门与学校其他部门之间的协调与沟通。具体而言，各个院系和服务机构的领导班子成员应包括本院系和机构的党政领导与下属系所的主要领导人员。对于教学、科研院系，该领导班子也应当吸纳教授大会主席、学术委员会主席、学位委员会主席、服务人员代表、学生代表以及工会主席等人员。该成员组成能够最大限度地保证对本院系或机构各类成员的代表性，因此有助于本部门工作的开展。在形成领导班子之后，班子成员应当利用多种方式，如谈心、小组会议的方式，充分听取本部门师生的心声，针对每个个体的情况，形成个性化的个人发展方案，努力将个人的发展愿景与本部门的发展计划统一起来，形成共同的愿景。此外，在各院系、机构开展形式多样的培训，提升本部门成员的理论素养，培养积极、热情的学习氛围。

除了建立强有力的领导团队，组织实施阶段还需要完善制度建设。这一阶段的制度建设涉及高校管理体系的方方面面。对于学习型高校，制度建设首先需要着手的是建立高效的学习机制，无论一线的教师、科研人员，还是管理服务人员，都能够通过专题研讨会、专家报告等形式维持一种时刻学习的机制。学习机制的建立尤其需要高校的图书馆做好资源储备工作，保证学校成员能够第一时间接触到国内外学习型组织的先进经验和理论。除了学习机制，制度建设的另外一个关键点在于形成动态的评价与考核机制。对高校人员的评估应当努力形成一种"增量型"评价体系，即将考核的重点放在教师与其他人员对新技能、新思想的掌握上面。最后，制度建设还需要形成动态的学术交流机制。高校的主要任务在于教学与科研，而这两者都需要高校组织时刻保持与国内外乃至海内外其他高校的积极交流，取长补短。唯有如此，才能构建学习型高校。为了达到这一目标，高校的制度建设需要完善教师与学生的交流程序的规范性，简化流程。此外，除了"走出去"战略，高校的学习型组织建设还需要积极"引进来"，形成海内外一流学者定期访问机制，"为有源头活水来"。

在学习型高校的制度建设过程中，需要注意的一点是，制度建设的最终目的是在个人愿景与本部门以至全校的整体愿景之间达成统一。因此,制度建设的过程并不是某个人或者某个部门的事,而应当是彼此呼应,共同完成的一项事业。因此,无论学习机制、考核机制还是交流机制,最终都是希望能够形成一个良好的学习型氛围,最大限度地发挥高校师生的积极性,为高校的发展贡献力量。鉴于此,高校学习型组织的制度建设不能忽略对教师、学生以及其他服务人员的职业生涯规划工作,通过多种途径引导大家,最终形成合力,形成一种个人、部门和高校的多层次、立体化的愿景建构体系。

(三) 巩固提高阶段

任何组织的完善与提升并不是一朝一夕的事情,高校学习型组织的建设亦是如此。如果上述的组织实施浅尝辄止,则既有的建设成果很有可能付之东流。因此,高校学习型组织的建设的第三个阶段是针对第二阶段的制度建设进行的巩固与提高。从某种意义上说,这一阶段是第二阶段的深化与发展。这是因为,巩固提高阶段所要关注的,不仅是第二个阶段建设的具体的制度,而是希望能够在高校的整体层面对治理架构形成改革。例如,目前高校的管理体系比较复杂,既有党政管理机构,又有后勤服务机构。当然,还有大量的院系、研究中心、研究所等。面对如此众多的机构、部门,第三个阶段需要在高校整体层面上对职责重叠、职能相近的部门和岗位进行重组合并。这方面的工作有助于高校整体运作流畅,提升高校的应急能力和反应能力。

高校学习型组织建设的巩固提高阶段还需要对第二阶段形成的各种制度进行动态化管理。各种制度形成之后会产生某种"惰性",而当下无论学术研究还是教学管理,都面对着一个"一日千里"的动态变化的世界。因此,即使在第二个阶段形成的各种制度相比较于之前有所进步,高校仍然需要防范这种组织制度上的惰性。因此,在巩固提高阶段,需要提升各种制度的"弹性",使其能够针对具体的实际情况进行调整,这亦是学习型组织的题中之意。

三、高校创建学习型组织的推进策略和现有经验

(一) 教学相长——高校任职人员的自我精进之道

所谓自我精进,是指在专业水平上,组织中的个体具有不断提升和完善的意愿与行动,从而力图做到本职工作技巧上的"专"与"精"。对高校而言,自我精进的主体无疑首先便是处在教学科研第一线的人员。对这些人员而言,所需提升的技能涉及教学和科研两个方向。

但是,目前高校教学科研人员,尤其是青年教师面临着教学和科研之间的高度张力,从而在自我精进方面出现一定的问题。这方面已有一些经验研究可资

借鉴，例如，根据华东师范大学《上海青年社科工作者基本状况调查》的结果，上海青年教师平均每周要完成9.36学时的教学工作量，每学时45分钟。但是，高校教师面临严峻的科研压力，该项调查显示，影响职称晋升的主要原因是论文、著作难发表。这种教学与科研之间的张力如果处理不好，往往会使高校教师顾此失彼，疲于应付。因此，高校的教学科研人员是否做到以及如何做到自我精进，涉及的是教学和科研之间关系的平衡与把握。

针对此问题，笔者的建议是，高校科研人员在处理教学与科研张力的时候应当坚持以科研为主导的教学实践，从而做到教学相长。该建议的依据在于，一方面，在当今社会，知识的更新速度日益提升，正如已有研究所指出的，基本上，人们所拥有的知识每天都在折旧。因此，如果教学活动脱离科研创新，教学内容会极易陈旧，而以科研为主导的教学活动则能够保证教学内容紧贴科研的最前沿知识，从而保证教学活动的生命力。另一方面，在过去的几年中，高校各种基础类课程越来越受到类似于大型开放式网络课程（Mooc）、免费大型公开在线课程项目（Coursera）等网络公开课程的冲击。例如，大学高等数学的基础课程、训练课程完全能够从网上获取，且教授人员都为国际知名学者和该领域内的专家。近期，国外高校的网络课程建设亦逐渐从理工类课程转向社科、人文类课程。在此背景下，失去科研创新的助力，高校的基础类课程必然丧失吸引力，因为学生有更好、更便捷的选择。基于这两个原因，高校教学科研人员的自我精进应当以科研带教学，做到教学相长。

当然，科研对于教学的重要性不仅在于提升课程内容的前沿性，科研经历对于培养学生的动手能力也是极其重要的。例如，高校开设的一般的社会调查类课程在教学过程中强调基础知识的掌握，但是经过类似课程训练的学生往往课本知识有余，却缺乏足够的动手能力，所拥有的相关知识更多停留在纸上谈兵的阶段。为了解决这一问题，将科研实践引入教学，让学生“动起来”，无疑是提升教学质量的关键机制之一。综上所述，学习型高校需要教师在科研和教学两个方面都能够做到自我精进，但是两者潜在的矛盾与张力却往往阻碍这一原则的实施。为此，笔者建议高校形成以科研为主导的教学实践，以科研带动教学。

当然，无论教学还是科研，高校教师能力的提升都离不开一个积极的学习环境。在这方面，笔者推荐其所在高校建立教师教学发展中心。中心由学校分管教学副校长担任主任，一名本科生院副院长担任常务副主任，以形成与日常教学工作的有效衔接和促进。同时根据中心的主要任务，配设多个专业的多名兼任副主任，以保证教师教学发展工作的专业化程度。在中心下，设立了多个办公室，配设正副主任各1名、助理2名。基于中心这一平台，学校为全体教师提供了丰富多样的教学增能活动，具体包括：中外名师面对面系列、教师教学研究能力提升项目、课程观摩交流项目、本科教学公开课、教学技术及新媒体教学培训、教师教学发展研修班、青年教师教学比赛等。通过该中心，笔者所在高校的教师不仅能够训练其教学技能，更加能够学习到其他学科的专业科研技能，做到教学相长。类似的教师能力提升平台值得推广。

（二）与时俱进——协调高校学术评价标准的国际化与本土化

一个组织建设学习型组织的障碍之一，在于组织中的个人所具有的旧思维和旧逻辑。如果组织成员固执己见、坚持本位主义，则这个组织的学习能力会受到很大的限制。面对这种局面，组织需要通过团队学习、标杆学习等手段，改变组织成员的心智模式，做到组织体系、组织框架以及组织评价机制等方面的与时俱进，形成一种创新的机制。按照圣吉的研究，这一过程可以称为改变心智的过程。

笔者认为，对于全球化时代下中国高校，所谓改变心智，更多地体现在对现有学术体系和学术标准所具有的反思性，保持组织成员心智上的弹性和开放度。纵观今日的学术研究，无论哪一个领域，人们面对的学术圈成员不再是省内的学者、国内的学者，而是来自全世界的学者。在此背景下，无论做出何种成果，提出何种主张，和我们对话的研究人员都可能来自世界任何一个国家和地区。例如，自然科学的实验过程会受到来自世界各地同领域学者的验证和审视。既然如此，高校成员需要的是改变传统封闭式的学术研究陋习，努力培养与国际学术圈成员进行对话的能力。这也就要求高校人员做到与时俱进，尤其在学术评价标准上做到国际化。否则，学术研究有可能陷入闭门造车的困境，高校学习型组织的建设便无从谈起。

需要指出的是，培养与时俱进的国际学术话语能力并不代表要全盘接受外国的学术标准，尤其是那些对发展中国家存在明显歧视的准则更应当抵制。换句话说，需要在保证与国际学术体系对话的前提下，建立符合中国国情的高校学术评价体系，并努力通过能够为国际学术圈接收的方式展现和提升中国学术研究的话语权。这种适应性创新恰恰是学习型组织构建原则的题中之义。按照彼得·圣吉的观点，一个具有强大学习能力的组织仅做到照搬和接纳国际学术准则的适应性学习(adaptive learning)是远远不够的。更重要的是，应当着力培养原发性学习(generative learning)，亦即一种创造性的能力。因此，学术评价标准的国际化不代表完全的放弃本土化。恰恰相反，只有充分做到本土化，才能够在国际学术圈占领一席之地，具有相应的话语权，做到有话可讲。从这个意义上来说，中国的就是世界的。需要把自己的故事说好，但讲故事的方式应当是可以为其他国家所接受的。唯有如此，才能够真正地创造具有国际影响力、具有学习能力的高等院校。

(三) 和而不同——高校人员的愿景构建准则

对于任何组织，成员共同的愿景是非常重要的。愿景可以凝聚一个组织成员的意志力，透过某种组织化的共识，保证组织成员努力的方向一致，从而做到组织中的个体为组织目标奋斗。正因为如此，彼德·圣吉非常重视共同愿景的构建，其对一个组织的生存与发展而言，具有重要的价值和意义。落实到高等院校，共同的愿景构建有实际的困难，因为其涉及不同专业背景、不同学术传统的高校教学科研人员，具有不同功能定位的教学科研人员与服务管理人员，以及教学科研人员与学生等多重复杂关系，如何协调并尊重这些不同人员之间的差异、形成合力是愿景构建的重中之重。在这方面，有一些策略可资借鉴。

一是新进教师的团体训练。新进员工的团体训练在公司企业中十分普遍，但是在高校却十分少见。往往不同院系负责招募本院系的职工，而不同院系之间缺乏横向的联系，从而造成了彼此之间的距离甚至隔阂。为了克服这些距离与隔阂，团体训练是一个比较有效的手段。在这方面，笔者所在高校具有比较成熟的实践经验。例如，每年暑期，学校人事部门都会组织新进人员进行岗前集中培训。在培训过程中，新教师有机会和学校不同职能部门的领导近距离接触，咨询相关问题。此外，人事部门会邀请资深教授开展专题讲座。这些活动无疑能够增强高校人员的团队意识。

二是以科研项目为主导的科研合作。共同愿景的建构需要共同的事业为基础。对于高校教师，尽管大家可能来自不同的学科与专业，但彼此都需要从事科研活动。在21世纪，不同学科发展的一个共性是跨学科研究的加强，在此背景下，随着不同学科之间交叉程度的加深，高校人员完全可以以具体的科研项目为依托，开展丰富多样的科研合作，以此增进团体凝聚力。

三是有效整合与发挥研究生团队在提升共同愿景方面的积极作用。长期以来，研究生在高校中的定位往往依旧停留在学生阶段，教师与研究生之间的关系更加垂直化，是师生关系。但反观国际知名院校，研究生(尤其是博士研究生)通常视为院系科研团队的成员，其与院系教师之间的关系也更加平行化。这种平行化的师生关系有助于促进师生之间的平等对话，从而带来学术研究上更为紧密的合作。因此，在构建共同愿景方面，高校不应当忽视研究生群体，应当通过多种方式(如组织研究生学术会议、seminar 等)发挥其积极的作用，让教师和学生都能够发挥主人翁精神，构建共同的目标和愿景。

（四）超越藩篱——团队学习的制度保障

基于学习型组织的理论，团队智慧应当大于成员个人智慧，做到 1+1>2。只有这样，组织才能够超越个人的有限智慧和弱点，做出正确的决策。因此，学习型组织需要建立在团队学习的基础上。团队学习这一原则强调充分调动团队所有成员的智慧，做到彼此促进，并在团体目标上形成合力。

但是，高校现有的人事制度的一些问题却成为构建团体合作与集体学习的藩篱。例如，高校科研人员分属于不同的系所，而系所又进一步分属于不同的学院。无论在学术成果考核还是职称评定方面，不同院系之间缺乏横向联系。结果便是不同院系各自为政，长此以往，学习型高校的团队学习机制便无从建立。为了克服这些限制因素，以下两点高校管理制度的突破可供借鉴。

其一，鼓励积极有效的学术合作模式。现有的高校学术评价体系强调学术成果署名顺序的重要性。只有第一作者或者通信作者才被所在高校承认。这一制度极大地限制了目前高校科研人员彼此之间学术合作的积极性。这与学术研究活动的现实状况相左。很多情况下，不同院系的研究人员有着共同的研究兴趣，完全可以强强联合，将彼此有限的资源和智慧整合在一起，以推进更具深度的研究。这一趋势在国际学术界已经越发明显，一篇论文的发表往往涉及多个实验室、数十名科研人员。例如，笔者自己参与的一项研究涉及 24 个国家的实验，最后发表在 *Proceedings of the National Academy of Sciences* 上的论文共有 33 名署名作者。如果片面强调第一作者或者通信作者的重要性，类似于这样的研究便无从谈起。因此，推进团队学习，需要改变高校的学术成果评价机制，推动更多的合作成果的产生。

其二，突破院系分割的高校人员雇佣模式。笔者认为，打破阻碍团队合作的另外一个措施便是从高校人员雇佣方式上入手。在西方顶尖高校中，为了应对日渐显著的跨学科科研合作趋势，越来越多的高校人员采用的是联合雇佣的模式。例如，对中国经济感兴趣的学者可以同时被经济系与东亚研究系雇佣。这种模式的好处在于学者的科研过程能够从两个甚至更多个机构中获得助力，同时，这些联合雇佣的学者本身将成为勾连各个院系的中间人，促进院系之间的团体学习。很遗憾，到目前为止，中国的高校人员雇佣方式依然完全以院系为依托，尚没有超越院系界限的联合雇佣实践。因此，现有高校人事制度是有进一步突破的空间的。

总之，学习型高校的创建绝非一朝一夕可以完成。为了提升高等院校的创新能力，需要有效地协调教学和科研的关系，通过科研带动教学的创新；在学术评价标准方面，坚持本土研究的同时，推动相关研究成果的国际化水平；通过团体活动、项目驱动以及挖掘研究生团体的创新潜力来构建集体愿景；并以更加积极的学术合作模式和高校人员雇佣模式打破现有阻碍团队学习的各种制度性障碍。唯有如此，才能够真正发挥高等院校在我国经济社会建设中的积极作用，为整个国家的发展与振兴做出贡献。

学习型组织的理论与实务在上海的突破和发展[①]

在创建学习型组织的过程中，紧密结合中国的国情、上海的市情，创造性地运用学习型组织的理论，使学习型组织理论本土化，形成一整套符合中国、上海发展需求的学习型组织理论与实务系统，这是学习型组织理论能在中国与上海生根、发芽、结果的关键。

由于上海市的各行各业在创建学习型组织的过程中不懈努力，在实践中认真探索，特别是从 2001 年中国政府正式提出创建学习型社会至今，不断学习、实践、反思、交流，已经出现了一大批创建学习型组织的先进典范，总结了一批成功经验，在学习型组织理论的研究与实践方面都获得了许多突破与发展，主要有以下 12 个方面。

(一) 学习型组织理论属性研究的突破和发展

西方管理领域的学者把学习型组织理论定位为当今最前沿的管理理论之一。人们经过研究认定：学习型组织理论是多元性质的理论。

首先，它是属于终身教育理论。自 1965 年法国教育家保罗·朗格朗提出终身教育思想和 1968 年美国教育家赫钦斯出版了《学习型社会》以后，形成了一股举世瞩目、影响世界的新教育思潮。1972 年，联合国教科文组织进一步加以整合和发展，向全世界提出了“向学习型社会迈进”的口号，对教育的改革与发展产生了巨大的影响。

其次，它是当今最前沿的管理理论。自 1990 年美国学者彼得·圣吉出版了《第五项修炼——学习型组织的艺术与实务》，尤其引起企业界的重视，它被认定为当今最前沿的管理理论之一。

此外，21 世纪初，美国学者斯蒂芬·P·罗宾斯(Stephen P. Robbins)把学习型组织纳入了“组织行为学”进行研究。上海学者童潇把学习型组织纳入“社

① 作者：张声雄(上海明德学习型组织研究所所长，教授)。

会学”的范畴，作为社会发展的第四个台阶——学习型社会的基础进行研究。

（二）学习型组织理论运用领域的突破和发展

彼得·圣吉等学者直至20世纪90年代，始终是从企业管理的角度开始研究学习型组织的，彼得·圣吉写的《第五项修炼——学习型组织的艺术与实务》也是从企业管理的角度论述学习型组织管理的。因此西方学习型组织的理论大多是在企业管理中运用。

在中国，从“组织”的大概念出发，广泛运用在各类“组织”之中，包括创建学习型企业、学习型政府、学习型学校、学习型军队、学习型政党和学习型社区等，总而言之，大至国家，小至家庭，都可运用。

上海市也按“组织”的大概念，除了创建“学习型企业”，还开展了“学习型机关”“学习型学校”“学习型社区”“学习型家庭”的创建，甚至上海警备部队开展了创建“学习型连队”，上海的11所监狱在创建“学习型监狱”的过程中，提出了一个非常好的“将刑期变学期”的创建“学习型监狱”的新理念，在印度尼西亚雅加达举行的“第二届亚洲企业大学论坛”上受到了好评。

（三）学习型组织真谛研究的突破和发展

究竟什么是学习型组织？至今还没有全球公认的统一的定义。学习型组织真谛究竟是什么？

中国台湾学者吴明烈把学习型组织应有的要素归纳为五个方面：① 有效的学习途径与具体措施；② 终身学习的习惯；③ 激发个人生命潜能并提升人生价值；④ 形成良好的组织气候与组织文化；⑤ 促成组织顺应变迁与永续发展。

美国学者瓦特金斯(Watkins)与马席克(Marsick)把学习型组织的特质概括为“七个C”：① 继续不断地学习(continue)；② 亲密合作的关系(collaborative)；③ 彼此联系的网络(connected)；④ 集体共享的观念(collective)；⑤ 创新发展的精神(creative)；⑥ 系统存取的方法(captured and codified)；⑦ 建立能力的目的(capacity building)。

上海明德学习型组织研究所在创建学习型组织的过程中研究了国外与我国台湾地区等许多学者的论述，结合中国的国情，提出了学习型组织“三大真谛”的概念：① 全体成员全身心投入学习，并有持续增长的学习力的组织；② 能让组织成员体验到生命意义的组织；③ 通过学习能创造自我，扩展创造未来能量的组织。这一观点如今已被广泛接受。

1999年，上海学者在“世界管理学者协会联盟’99世界管理大会”上发表的《学习型组织的时代意义及其在中国的发展》论文中，提出了学习型组织的六大要素，即具有如下方面：① 终身教育的理论和机制；② 多元反馈和开放的学习系统；③ 学习与互动的组织氛围；④ 实现共同愿景的不断增长的学习力；⑤ 工作学习化使组织成员活出生命的意义；⑥ 学习工作化使组织不断创新发展。这六大要素比较精练地反映了学习型组织的真实含义，得到了大会的认可，该论文荣获世界管理大会“贡献奖”。

（四）“学习”真义研究的突破和发展

学习型组织理论对“学习”的真义有独到的论述。

彼得·圣吉提出“learning organization”，期使人们重新看待学习的真义：“学习以使个人及团体产生心灵意念的转换，进而体悟生命的真义”。

中国在创建学习型组织的过程中，认真研究了各国学者有关学习的论述和中国文化中关于“学”与“习”的含义，上海各领域在创建学习型组织的过程中，特别注意探索学习型组织倡导的“学习”的特征究竟是什么。华东师范大学教授叶忠海主编的《终身学习研究》一书中发表了上海学者研究的成果《学习型组织倡导的“学习”的14个特征》。

学习型组织倡导的“学习”的14个特征：① 广义的学习；② 行动中学习；③ 反思中学习；④ 双环学习；⑤ 组织学习；⑥ 共享中的学习；⑦ 开放式学习；⑧ 心灵变革中的学习；⑨ 正态学习；⑩ 学习能力的学习；⑪ 三速学习；⑫ 忘弃性学习；⑬ 预期性学习；⑭ 终身学习。

（五）“学习力”理论与模型研究的突破和发展

上海各行各业在创建学习型组织的过程中，认为“学习力”是组织活力的根源，因此对“学习力”进行了专门研究，认为“学习力”由三大要素构成：动力——主要来源于目标；毅力——由意志力等品格决定；能力——主要靠训练与实践。

从“学习力模型”中可看到：只有当同时具有学习的目标、能力与意志的时候，才能真正地实现持续学习。

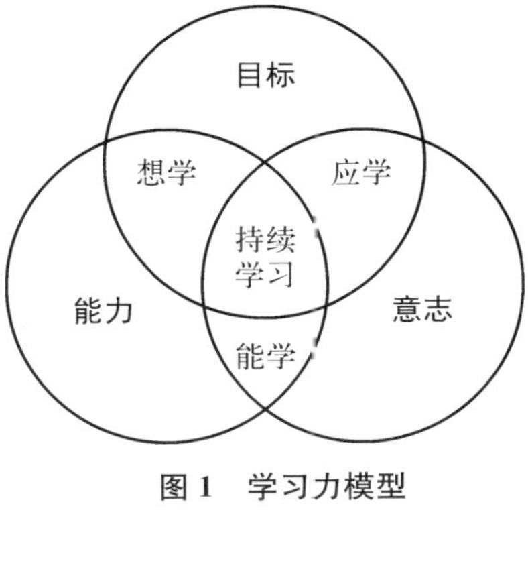

图1 学习力模型

（六）建立“共同愿景”的方法的突破和发展

创建学习型组织，建立共同愿景是十分重要的内容。理论还比较好理解，但是真正要建立一个大家愿意为之奋斗的共同愿景，国内外许多单位在创建学习型组织过程中都是个难题。国外学者有许多研究，彼得·圣吉也有很多论述。

我国的许多创建单位与学者提出了许多有效地建立共同愿景的理念与方法。如云南电力集团有限公司在实践中提出了“由下而上”的“层次建立法”，他们把愿景分为个人愿景、团队愿景和组织大愿景等三个层次，先是个人愿景的建立、分享与发布交流，然后是团队愿景的讨论、建立、分享与发布交流，最后是组织大愿景的讨论、建立、分享与发布。

如何描述愿景？云南电网公司创造了四种方式：

(1) 文字式，这是常用的一种方式。

(2) 图像式，南方电网云南电网公司临沧供电局的共同愿景运用了名为“共赴未来之梦”的一幅画来表达的，得到广大员工的赞赏。

(3) 实物式，将愿景寓于雕塑或实物之中。

(4) 数字式，如南方电网云南电网公司昆明供电局的愿景是：四九供电，五九可见。即供电可靠率要达到 99.99%，员工的年人均收入 99999 元。这是广大员工经过一年多的时间反复讨论形成的，既明确了企业对客户的服务目标，又融合了员工的基本要求。上下认同，上下同欲者胜！

如何建立共同愿景中的重要组成部分——价值观？

上海宝钢集团公司运用的是故事提炼法：

(1) 组织全体员工回忆近几年来组织内发生的、留给大家印象最深的故事，从中找出出现频率最高、具有代表性的词语；从这些词语中，通过分析提炼，上下讨论，形成广大组织成员认同的共同价值观。

(2) 进行必要的诠释，编成供大家学习的小册子，形成员工的行为规范，领导率先垂范。

(七) 建立学习型组织应用工具研究的突破和发展

推进学习型组织的过程中，许多单位困惑的是在实际工作中如何运用学习型组织的理念改变工作方式？如何把创建与实际工作紧密结合在一起？

国际学习型组织机构(SOL)开发了“团队学习实验室”，提供了 8 种非常实用、有效的工具：① 左手栏；② 推论阶梯；③ 主张与探询；④ 系统基模；⑤ 因果图；⑥ 团队协作矩阵；⑦ 个人任务矩阵；⑧ 学习型团队自我评估法。

上海的“海派精神”的重要特点就是“对新事物的敏感”，非常重视学习国外先进经验。上海三联书店早在 2005 年 5 月首先出版了包蔚然编著的《第五项修炼实操手册——团队学习实验室》。上海明德学习型组织研究所全套引进了包括上述 8 个工具在内的《团队学习实验室》课程。

上海许多单位在创建过程中也创造了许多非常实用且有效的工具与方法，有些单位还十分重视集众之长建立了创建学习型组织工具箱，见表 1。

表 1 创建学习型组织工具箱

序 号	创建流程	工具数量	工具举例
1	方案设计	8	学习型组织落地框图
2	理念导入	6	学习型团队三圈模型
3	愿景导航	9	价值趋向测试
4	行为改善	8	倒三角层级承诺
5	管理变革	6	领导力自测雷达图
6	文化重塑	6	文化落地监控板
7	建立学习系统	21	三环学习法
8	诊断评估	4	勃拉哈姆连续体自评

(八) 创建学习型组织过程中管理变革的突破和发展

彼得·圣吉为帮助企业在创建学习型组织的过程中推进管理变革，提供了自我超越、改善心智模式、建立共同愿景、团队学习、系统思考五项技术。

中国在创建学习型组织的过程中也提出了许多很有创意的促进组织管理变革的好方法。上海明德学习型组织研究所提出的《十大管理变革模型》引起了SOL的关注。SOL成员在昆明市举行的由中国人民大学主办的学习型组织国际论坛上，听到上海明德学习型组织研究所在会上发表的《十大管理变革模型》，认为这是中国首创的建设学习型组织中管理变革的有效工具，希望能与国际学者分享(见张声雄著《二十一世纪管理模式》，2000年3月第1版)，主要包括以下十个方面：① 管理目标的变革；② 管理系统的变革；③ 管理思想的变革；④ 管理组织的变革；⑤ 管理关系的变革；⑥ 管理手段的变革；⑦ 管理对象的变革；⑧ 管理内容的变革；⑨ 管理策略的变革；⑩ 管理职能的变革。

(九) 创建学习型组织与组织文化建设融合的突破和发展

创建学习型组织的核心是建立共同愿景，共同愿景的要素是共同的目标、共同的使命、共同的价值观，而组织文化的核心是价值观。所以，创建学习型组织的过程也是用学习型组织的理念重塑组织文化的过程。上海许多单位已把创建学习型组织的过程与营造组织文化融合在一起。

上海明华物业管理有限公司(简称明华物业)在创建学习型企业时努力塑造具有六大特征的学习型企业文化，六大特征是：① 学习力文化；② 快乐文化；③ 创新文化；④ 反思文化；⑤ 共享文化；⑥ 速度文化。尤其是快乐文化，成了明华物业凝聚员工核心理念，开拓市场、吸引客户的品牌。

武汉市汉阳区人民检察院原来是全国基层检察院“创建学习型组织，争当知识型标兵”活动中倒数第二名，他们为了改变检察院的面貌，运用学习型组织的理念深、细、实地塑造汉阳检察文化，外化于行，内化于心，使检察员队伍发生了根本变化，仅仅三年，汉阳区人民检察院进入全国十佳基层检察院行列。

汉阳区人民检察院第一阶段检察文化建设，提出了“大三观”——发展的世界观、负责的人生观、奉献的价值观，以及“小三观”——监督的权力观、神圣的地位观、淡泊的名利观。第二阶段检察文化建设，又提出了“八字院训”——忠诚、公正、和谐、奋进。第三阶段检察文化建设，又提出了七大精神——“泥鳅精神”、“超越精神”、“莲花精神”、“红彬精神”、“翠竹精神”、“向日葵精神”、“老黄牛精神”，“四气”——正气、浩气、朝气、锐气和“五大理念”——学习理念、反思理念、质量理念、用人理念、发展理念。第四阶段检察文化建设，又提出了“肃、爱、智、辨、水、容”的六字方针。汉阳区人民检察院就是这样一步一个脚印地从低谷走向辉煌。

（十）创建学习型组织过程中误区研究的突破和发展

彼得·圣吉根据西方在推进学习型组织过程中遇到的问题，提出了十大挑战。上海在推进学习型组织的过程中出现了各种各样的问题，上海明德学习型组织研究所在上海市教委、市总工会的支持下经过调查研究，把它概括为十大误区，并针对十大误区提出了相应的对策。

误区一：注意了研究学习的重要性，疏忽了研究学习型组织的重要性。

误区二：注意了加强一般学习的措施，疏忽了运用学习型组织理论推进组织的变革。

误区三：注意了总结个人学习的经验，疏忽了总结组织如何学习的经验。

误区四：注意了追求学习型组织量的发展，忽视了学习型组织质的升华。

误区五：主要依赖上级的布置、专家的指导，忽视了根据组织自身特点进行创造性的创建。

误区六：在工作之外增加许多学习活动，忽视了研究如何在工作之中加强组织学习。

误区七：主要希望通过创建学习型组织去改变别人，忽视了首先如何通过创建学习型组织改变自己。

误区八：注意了利用外脑、引进新理念，忽视了开动自脑、进行系统的自我反思。

误区九：注意了开展很多学习型组织创建的活动，疏忽了紧密结合中心工作进行创建。

误区十：注意了体制、机制和制度的变革，忽视了组织成员心灵的变革。

（十一）构建组织学习系统的研究与实践的突破和发展

创建学习型组织，如何构建“组织学习系统”，一直是个重点问题，也是个难点问题。同济大学继续教育学院坚持创建学习型学院，提出了建设三大学习系统：① 信息反馈学习系统；② 反思学习系统；③ 共享学习系统。同济大学继教院为了创建常态化，构建六大支持体系：① 创建阶梯的设计——持续创建的台阶；② 学院文化的重塑——持续创建的导向；③ 资源开发与共享——持续创建的资源；④ 激励机制的完善——持续创建的保障；⑤ 信息化学习平台——持续创建的条件；⑥ 核心竞争力形成——持续创建的根基。在 8 年创建学习型学院过程中，效果很好。教职员工的自评与评估小组评价的各项综合分值和水平评价，全部得到高分。

（十二）学习型组织创建的评估理念、方法的研究与实践的突破和发展

学习型组织创建的评估，一直是国内外创建单位都十分关注的问题。国内学者与创建学习型组织的单位及其主管部门都作了许多研究，如中共南京市委宣传部专门成立了课题组，最终将研究成果出版了一本书，名为《学习型组织建设与评估》（中共南京市委宣传部课题组王燕文、何亦农、潘金洪等著，2004 年 5 月第 1 版）。

但是许多评估系统的设计，仍然拘泥于旧的评估理念，这种陈旧的评估系统，会把学习型组织的创建引向一个错误的方向，最危险的是把一个先进的理论引向形式主义的误端，抛弃了“改善心智、建立开放环境、活出生命意义”的真谛。

同济大学继续教育学院连续 8 年创建学习型学院，邀请上海明德学习型组织研所进行评估时，运用了一套很好的评估理念与方法，受到了校领导与广大教职员工的好评，这也是上海在学习型组织的创建评估中的突破和发展。

评估的主要内容与方法如下：

（1）变化感。

主要评估团队精神、快乐工作、主动反思、创新氛围、授权程度、学习力六个方面在创建学习型学院前后有什么变化，评估方法是运用现代管理测评新工具——“勃拉哈姆连续体自评法”。

（2）成长度。

主要评估领导力、员工素质、共同愿景、开放环境、绩效考核、创建模型六个方面在创建学习型学院前后有哪些变化，评估方法是以计算机分析软件支撑的问卷调查。

（3）持续力。

主要评估创建阶梯的设计、学院文化的重塑、资源开发与共享、激励机制的

完善、信息化学习平台、核心竞争力的形成六个方面在创建学习型学院后提高了多少，评估方法是学习型组织管理创导的深广汇谈。

评估的目的不是为了结论，而是为了再创；不是为了肯定成绩，而是为了从经验中学习；不是为了向高层主管报告，而是为了共同从评估中看清自己。

究竟如何创建学习型组织
——九个创建切入点[①]

创建学习型组织从哪里切入？国内外经验有很多做法，上海经过十几年的实践探索，形成了诸多经验，大致可归纳为九个切入点。

一、从“学习工作融合”切入

理念：创建学习型组织有很多模型，其中之一称作沃尔纳五阶段模型，此模型总结了一般组织从低级形态到高级形态的五个阶段，见图1。

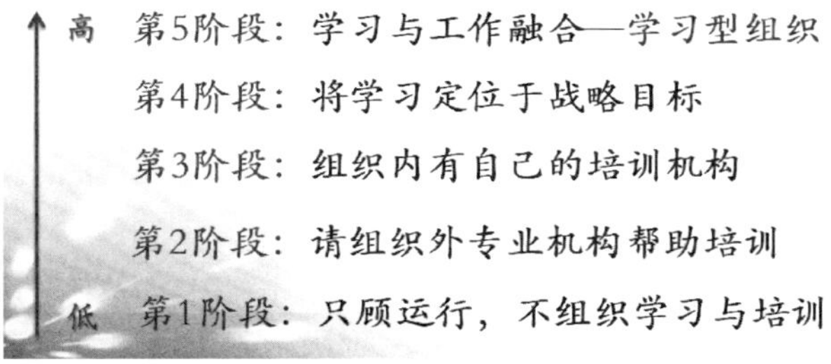

图1　沃尔纳五阶段模型

从上图可见，组织发展的最高阶段（第5阶段）是学习型组织阶段，它的特征是学习与工作融合。因此，创建学习型组织时，可以从“学习与工作融合”切入，即从常讲的“工作学习化、学习工作化”入手。

案例：上海隧道股份公司将工作难题变研究课题

上海隧道股份公司以“学习工作紧密结合”为切入点，探索形成了非常有效的“难题变课题学习法”。“难题变课题学习法”的基本内涵是：将工作中的难点，变成工作中的要点；将需要解决的问题，变成需要研究的课题，找出解决问题

① 作者：刘宝华（亚洲学习型组织联盟上海秘书处副秘书长）；张原（上海明德学习型组织研究所副所长）。

的方法。

“难题变课题学习法”的步骤如下：

(1) 将难题变成课题；

(2) 将课题变成任务；

(3) 将研究问题的过程变成学习的过程；

(4) 将学习的过程变成解决问题的过程；

(5) 以实践的过程促成团队共识；

(6) 将“团队共识”变成一种推动“团队行为”的机制。

对于“难题变课题学习法”，难题来自工作实际，变成课题后，团队一起学习研究，一起发挥智慧，一起出谋划策，把学习变成了工作过程中的学习。实践证明，这样的学习，有利于激发与凝聚团队智慧，解决工作中的实际问题，不仅解决问题的效果好，也是切实创建学习型组织的好方法，受到上下各方欢迎。

二、从“建立共同愿景”切入

理念：学习型组织，一定是有清晰的共同愿景的组织。创建学习型组织的过程是不断理清与实现共同愿景的过程。因此，创建学习型组织也可以从“建立共同愿景”切入。

案例：华东空管局“三三”模式

上海华东空管局以“托起心空的彩虹”为主题的创建之路历时5年，分为四个阶段：理念导入阶段、愿景导标阶段、超越导航阶段和能力导向阶段。各个阶段均形成各具特色的创建亮点。愿景导标阶段的创建亮点如下：

1. 愿景导标实施“三分推进”

(1) 分层推进：形成示范班组、推进班组、推广班组三个层次的宝塔型架构。

(2) 分步实施：通过先创带后创，再促齐创，步步渗透、层层辐射。

(3) 分类引导：示范班组引领推进班组，推进班组带动推广班组，推广班组融入创建，从而形成浓厚的创建氛围。

2. 愿景推进开展“三看活动”

(1) 看愿景建设的覆盖面。

(2) 看愿景落地的实效性。

(3) 看班组建设的变化度。

通过“三看活动”有效推动班组愿景建设的全覆盖，个人愿景的全建立。

3. 愿景落地做到“三个结合”

(1) 与确立持续安全理念结合起来。

(2) 与提高班组团队协作能力结合起来。

(3) 与80后的育才、用才和聚才结合起来。

“三个结合”推动了华东空管分局、站愿景建设的落地，在职工中形成一种进步有方向、超越有动力的创建氛围。

三、从“建立组织学习系统”切入

理念：创建学习型组织的重要基础是建立在个人学习基础上的组织学习系统。

组织学习的着力点：建立反馈学习系统、反思学习系统、共享学习系统。因此，创建学习型组织可以从建立组织学习系统开始。

案例：上海明德学习型组织研究所帮助德州长河小额贷款公司开展“快乐反思”活动

长河小额贷款公司在深入创建学习型企业的活动中，认真建立反思学习系统，形成了独具特色的“愿景引领、快乐反思”团队学习活动。

活动指导思想：营造快乐轻松的工作环境，努力创建有反思习惯的团队。

团队学习方式：围绕议题，共同探讨。

学习讨论议题：会前确定议题，带着思考参与。

长河小额贷款公司每周五下午四点至六点进行两个小时的“愿景引领、快乐反思”团队学习活动，实现了常态化、长效化、制度化团队学习。

1. “愿景引领、快乐反思”团队学习活动特色

(1) 轮流主持讨论——学习机会均等，搭建学习平台。

(2) 自主拟定议题——结合问题找题、结合岗位选题、结合愿景定题。

(3) 学习形式多样——游戏互动、观看视频、分享故事、团队讨论、工具演练、节目表演等。

2. “愿景引领、快乐反思”团队学习活动的作用

(1) 在反思学习中感受到不断超越自我的快乐。

(2) 在反思学习中感受到明确人生目标的快乐。

(3) 在反思学习中感受到改善心智模式的快乐。

3. “愿景引领、快乐反思”团队学习活动实现了三个变化

(1) 枯燥乏味的学习变得生动活泼起来。

(2) 工学分离的学习变得有机融合起来。

(3) 反思痛苦的学习变得心灵开放起来。

“愿景引领、快乐反思”团队学习活动在分享中收获经验,在追求中寻找出路,在超越中追逐梦想,在学习中感受快乐。

四、从“打造‘活出生命意义’文化”切入

理念:学习型组织是唤醒人、并创造条件让人活出生命意义的组织。

“活出生命意义”是一切组织创建学习型组织的根本目的与根本动力来源。因此,也可以从使人“活出生命意义”出发,从打造“‘活出生命意义’文化”切入,创建学习型组织。

案例:上海市闵行区创建学习型社区,以使居民能“活出生命意义”为根本目的

上原绫子与虹桥镇“文明储蓄卡”的结缘——一个真切的故事。日本女子上原绫子听说虹桥住的外国朋友比较多,在生活上会比较方便,就选择了虹桥一名都城。她说:“然而使我庆幸和没想到的是,在短短的两年时间里,我成了外国朋友眼里的‘虹桥通’”“这一切还要感谢虹桥镇举办的‘文明储蓄卡’行动”。

社区文明储蓄卡就是居民参加了社区里举办的文化娱乐活动就可以积分,还有精神和物质上的奖励,鼓励市民通过参加一系列的社区活动,不仅学到技艺与知识,还可以找到志趣高尚的朋友。

居委会针对外国人对中国传统文化的兴趣,安排了书法班、国画班、太极拳、中国料理班等,上原绫子说:“我参加了料理班,没想到还拿到了中华料理的培训证书。”“每当中国的传统节日到来,社区还邀请我参加联欢会,并且在文明行动储蓄卡上记录下来。通过参加这些活动,我对中国更加地了解了,也为中国博大精深的文化感到自豪。”“每当我的外国朋友来我家坐客时,我都会拿出我的一些作品让他们看,朋友过生日时我也会送给他们自己的作品。文明行动储蓄卡是我在朋友面前展示成就的标记,就连我先生和孩子都羡慕得不得了。”“我先生和孩子们也渐渐喜欢上了上海,喜欢上了虹桥。每当看到文明行动储蓄卡,我就会想到社区这个‘储蓄银行’,它储蓄了我对中国浓浓的爱!”

五、从打造“创新文化”切入

理念:有人问世界管理大师彼得·圣吉什么是学习型组织?他回答说,如用两个字回答,就是“创新”;如用四个字回答,就是“持续创新”。学习型组织的真谛之一是能将学习力转变为创新力。

创建学习型组织的主线是:学习—变革—创新。因此,可以从打造“创新文

化”入手建设学习型组织。

案例：上海航道勘察设计研究院创建学习型组织过程中，倡导“学会学习、学会思考、学会改变、学会创新”

由此出现了三大变化。

（1）创意不断涌现：通过学会“反馈学习、共享学习、反思学习”的团队学习方法，员工把“学后要有新行动”这一理念落实到具体的工作实践中，知识的分享不再是简单的叠加，而是学习能量的扩展和裂变。以建言献策为特点的工作创意、以重点工作推进为特点的工作创变、以专利技术和规范编制为特点的技术创新呈现勃勃生机。

（2）管理持续提升：人们十分注重“学习工作化、工作学习化”的结合，强调的是工作中的学习和学习为工作服务的理念，要用学到的知识不断地改善工作、改善绩效。几年来，先后完善了项目经理负责制的矩阵式管理、强化专业建设的室总负责制管理、岗位分级的人才培养阶梯式管理等工作，并在资质管理方面，正向综合甲资质方向迈进。

（3）团队快速成长：通过学习和提升，专业化的团队和人才快速成长起来，已经建立起一支支能独当一面、技术精湛、服务一流、反应迅速的科研和设计团队，直接面向市场，为客户创造价值。与此同时，一批批不同年龄层次的专业人才也逐渐成长起来，首席专家、专业带头人、技术骨干队伍正朝年轻化和复合型方向发展，为企业的持续发展提供了坚实的智力支持和人才保障。

六、从“学习型领导新角色”切入

理念：学习型组织理论倡导领导者应担当好三个角色，分别为设计师、仆人、教练。

因此，可以从当好“三个角色”、从改变领导者自己开始创建学习型组织。

案例：上海颛桥中心小学党支部精心当好设计师，以“三节一月”推进学习型党组织建设

上海市闵行区颛桥中心小学党支部，在建设学习党组织的过程中，善于当好设计师的新角色，精心设计并形成了以“三节一月”新模式促进建设学习型党组织的目标落地，见图2。

具体做法如下：

一是以读书节提升人文素养，让学习成为全体师生的一种工作方式和生活方式。学校党支部策划并组织实施，将每年四月作为传统的“百年颛小、书香致远”读书节，培养师生的人文科学素养，为建设学习型组织奠定了人文科学基础。

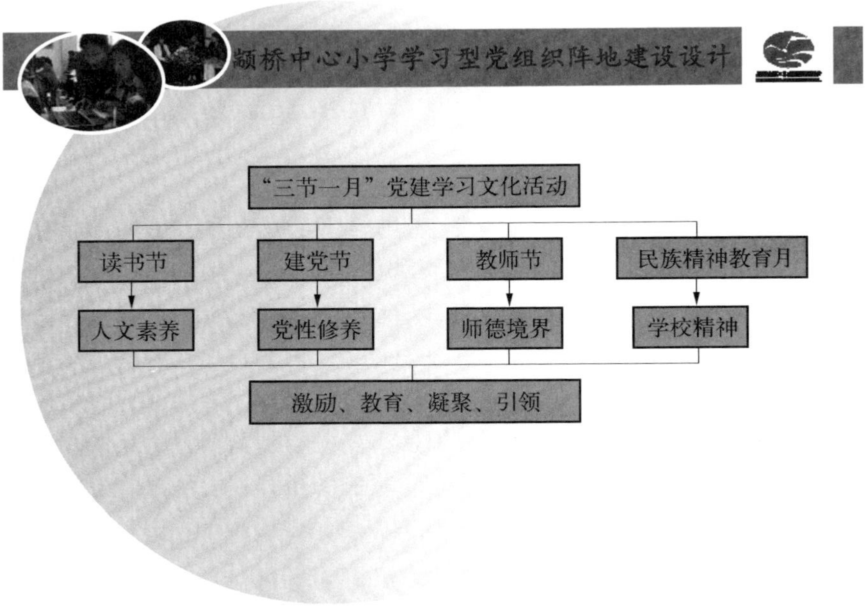

图 2　颛桥中心小学学习型党组织阵地建设

二是以建党节培养党性修养。学校党支部在每年的七一节，组织广大党员回顾入党誓言，开展测评活动，将重点放在"信念坚定、风清气正"的培养上，进行批评和自我批评，党员们在学习和反思中实现自我超越。

三是以教师节培育师德修养，让教师节成为不断改善心智模式的爱生节。学校党支部在每年的教师节，坚持开展以"四尊重"为核心的"亲其师，信其道"师德建设主题教育活动，鼓励教师进行换位思考，提高教师师德修养。

四是以民族精神教育月弘扬学校精神，让学校精神成为团队合作的原动力。学校党支部组织设计了民族精神教育月专题系列爱校荣校活动。通过回顾感悟学校百年文化精神，弘扬艰苦创业的开拓精神、严谨治学的求真精神、潜心育人的忘我精神、团结共进的合作精神、科学发展的人本精神，彰显前贤，推进了学习型组织建设。

七、从"使命故事"切入

理念：学习型组织是倡导讲"使命故事"，并最能实现"使命故事"的组织。管理大师彼得·圣吉认为，"使命故事"是领导者生命中想做的事，使人全力以赴，是领导能力的核心，能提供一套整合成一体的理念，使人们体会到工作的生命意义。

使命故事的含义：使命（purpose）——目的、意图、组织的历史使命；故事——生动的、感人的、具有感染力的描述；使命故事——生动地描述组织的历史使命与为实现伟大使命的感人故事。

案例：上海明德学习型组织研究所在帮助山东长河永和豆浆店创建学习型企业的过程中，“讲使命故事”是独具特色、非常受员工欢迎的团队学习活动

在长河永和旗舰店餐厅已经坚持了10年，已经形成“人人都讲故事，人人会讲故事，人人乐讲故事”的浓厚学习氛围。餐厅通过讲使命故事，传播正能量，坚定了创建学习型组织的信念，打造员工的精气神，用文化为员工塑造学习型组织之魂。一个个全身心奉献的故事点亮了员工的心灯。

长河永和旗舰餐厅“讲使命故事”团队学习分享会，都有普通员工轮流主持，伙伴们用心用情去讲自己的故事，讲伙伴的故事，讲感动顾客的故事，每一个故事都有激情，有热情，绽放生命、成长智慧。餐厅全体伙伴在这个平台上学会了放下，学会了绽放，学会了感恩，学会了成长，明白了做人做事的道理，懂得了人生的价值在于奉献。每个伙伴在这个学习型组织的平台上也得到了才成长，收获了自信和快乐！

八、从组织文化切入

理念：学习型组织的建设的过程，本质上是将组织文化按学习型组织的理念进行提升或再造的过程。学习型组织的主要文化特征有六点，为学习力文化、活出生命意义文化、创新文化、反思文化、共享文化、速度文化。

案例：上海航道勘察设计研究院创建学习型组织从改善心智模式入手，把重塑心灵当作首要任务，并最终在精神层面体现出它的文化特征。

通过十年持续的培育和引导，形成具有自己“独特基因”的学习型设计研究院的六大文化：

(1)“比对手学习得更快”的速度文化。

(2)“真正的学习是从反思开始”的反思文化。

(3)“团队智商大于个人智商”的共享文化。

(4)“学后要有新行动”的创新文化。

(5)“团队服务个人、个人反哺团队”的感恩文化。

(6)“快乐学习、快乐工作、快乐生活”的快乐文化。

具有自己“独特基因”的企业文化形成以后，会在企业内逐渐弥漫开来，形成良好的文化氛围和文化张力，构成学习型设计院文化特质的重要内涵。张群深有感触地说：“创建学习型组织，十年在路上，难的并不是开始，而是坚持。我们

深知，学习型组织创建之路只有开始，没有结束，未来的道路上依然充满艰辛和曲折，但我们将继续探索和前行，去寻找企业发展和人生成长道路上灿烂的风景。能否使一个组织继续坚持前行，不会因领导更替而停顿，甚至夭折，关键在于文化的根扎得深不深。”

九、从建设学习型党组织切入

理念：中国共产党是中华人民共和国的执政党，任何一个单位的中国共产党的基层组织能率先垂范努力建设学习型党组织，一方面，能产生极大的影响力和示范效应；另一方面，党组织的真学、真悟、真懂、真做，才能正确领导与引导本单位建成学习型组织。

案例：宝钢建设学习型党组织带领企业进入世界500强

1.“三高一流”的提出及内涵

宝钢在创建学习型企业过程中进行党员队伍建设，从要求党员做到“觉悟高于群众，技能好于群众，业绩优于群众”的一流党员队伍，概括为“三高一流”，在党组织内深入开展了“登高活动”。

2. 建设一流的党员队伍

“事事领先，处处率先，敢为人先”，拉得出、打得响、过得硬的队伍。

3. 建设学习型党组织管理的五个原则

（1）党性原则——在建设学习型党组织的过程中坚持党组织的先进性与时代性有机结合。

（2）梯度性原则——在建设学习型党组织的过程中坚持创建标准要按梯度不断渐进。

（3）层次性原则——在建设学习型党组织的过程中坚持既要有共性统一要求，又要紧密结合本部门特点突出个性精彩亮点。

（4）整体性原则——在建设学习型党组织的过程中坚持既要突出重点，又要重视整体性提高。

（5）操作性原则——在建设学习型党组织的过程中，在设计方案时，要坚持方法简明，便于基层操作。

4. 推进保证体系

（1）建立四级管理推进网络及职责。包括建立党委、总支（支部）、党小组、党员四级责任区。

（2）加强保证措施。包括如下方面：强化教育，提高觉悟；强化培训，提高技能；强化考核，提高业绩；保证党员权利。

5. 党内两大主题活动

(1) 党员带头开展“万众创新”主题活动。包括如下方面：品种、质量、“TSM”一贯过程统计管理等的全面创新。

(2) 党员带头开展“正能量激励”活动。包括如下方面：典型班组示范、家属交流、彩照巡展，年底成果交流等。

6. 效果

(1) 增强了三力：上有压力，后有推力、心有动力。

(2) 形成了“树立一面旗，凝聚一股力，照亮一大层”。

(3) 炼铁厂 40 个党员创新小组完成 200 多项成果。

(4) 提高了职工队伍素质：合理化建议 10 万余条(年)，CS 战略理念普及 100%，班组升级率 92.4%，出现了多个劳模集体，要求入党人数逐年上升，有三个基层厂、部，1990 年以后新进的大学生 100% 递交入党申请书。使企业 2003 年进入世界 500 强，并且位次连年前移。

第四部分　经验分享

塑造学习型企业　创建学习型园区

——嘉定工业区推进学习型企业创建的策略与思考①

党的十八大提出，“完善终身教育体系，建设学习型社会”是实现全面建成小康社会重大战略任务的根本保障，又一次突出强调了建设学习型社会、构建终身教育体系的重要性。《国家中长期教育改革和发展规划纲要（2010—2020年）》明确要求：“到2020年，要构建完成体系完备的终身教育。”创建学习型企业，就是走人才强企之路，把人才培养和人力资源开发作为企业生存之源和发展之本，用新的观念和机制，聚集人才、培养人才、发展人才，提高职工队伍的学习能力和整体素质，为企业的改革和发展提供人才保证和智力支撑，从根本上提升企业的核心竞争力。

嘉定工业区成立于1992年10月，是经市政府批准设立的市级工业园区。园区总面积78.05平方公里，分南、北两大重点开发区域。作为嘉定产业转型发展的主阵地，嘉定工业区按照做强先进制造业、做大现代服务业、做优战略性新兴产业的目标，主动加快转型升级步伐，努力推动“由单一二产业向二三产业融合发展转变、由规模扩张向能级提升转变、由要素驱动向创新驱动转变”，着力构建“以先进制造业为支撑、现代服务业为重点、战略性新兴产业为引领”的发展格局，初步形成了包括汽车及其零部件、高端设备制造、总部经济、电子商务、文化创意、互联网及互联网金融、新能源和国家重大战略产业化项目在内的重点突出、优势明显的八大支柱产业体系，实现了经济发展规模壮大、结构优化和效益提升的有机统一，各项经济指标持续快速增长。目前，吸引了来自世界40多个国家和地区的2600多家实体型企业落户，其中包括50余家世界500强企业和一批国际、国内著名企业，总投资超过200亿美元。

2016年，嘉定工业区完成规模以上工业总产值1040亿元，同比增长15%；完成税收总额125亿元，同比增长18.8%；实现地方财政收入27.8亿元。园区

① 本报告由嘉定工业区社区学校提供，执笔人：冯燕。

发展离不开企业发展，企业发展创新是关键，创新企业离不开创新人才的支撑，创新人才离不开创新理念的支撑。学习推动创新。园区立足“科创中心重要承载区核心功能区”建设，通过学习型企业的创建为载体，推进区域终身教育体系构建。

一、加强机制建设，激发活力，有效协调和推动企业参与学习型企业建设

（一）建立健全人才培育机制，打造三支高素质的人才团队

以培养懂经营、会管理的复合型人才为重点，建设职业化、现代化的高素质管理人才团队；以提高技术创新能力和转化、应用能力为重点，培养具有高层次专业技术人才团队；以职业教育和技能培训为基础，以培养高级工和技师为重点，打造一支高技能人才团队。

（二）创新人才工作机制，形成系统的创新激励机制

制定推出《关于加快推进职工技术技能创新工作的意见》，紧紧围绕工业区重点发展的高端制造业、现代服务业和高科技产业，建设一支数量充足、结构合理、技艺精湛、与工业区经济社会发展相适应的技能人才梯队。实施“头雁领航2.0”，通过逐步搭建工业区工程师（技师）学院、技能人才精英汇等平台，加强高技能人才培训和交流，促进技能传授和技术合作创新。通过开展企业内部技术创新智造团建设、鼓励全员创新、组织职工岗位技术创新评选等活动，营造尊重技能人才、鼓励技术创新的社会氛围。通过建立技能人才信息库和技术创新成果信息库，动态跟踪技能人才培养、成长状况，记录、整理、编制技术技能创新成果，形成文献或规范。

制定推出《嘉定工业区关于开展企业技术创新团队建设工作方案》，通过企业技术创新团队建设，开展人才培养、技能实训、技术创新等活动，建立高技能人才培养体系，形成技术创新成果转化机制。

（三）用文化凝聚企业，用愿景发展正能量

建立“职工文化微吧”创建机制，园区与企业签约共建“文化微吧”，把文化服务送到企业职工身边。建立“企业文化年”“企民星”“文化点点送”等活动载体，采用“点单”形式，将文艺节目、文化讲座、非遗展览、电影、图书等优质资源免费配送到园区企业，打通公共文化服务企业“最后一公里”。如在沃尔沃汽车集团中国区总部，员工俱乐部已经多达 16 个，为了让“快乐工作、健康生活”的理念可以走出企业，每年开展各类文体活动千余场。“企业文化年”活动期间，沃尔沃组织开展职工文化作品展、互动展、职工秀和马拉松大赛四项活动。其中，职工文化展、互动展展出企业职工创作的摄影、油画、书法等作品。此外，沃尔沃还举办

虚拟高尔夫等科技创新互动活动。此外，园区在企业管理中也融进更多的文化因素，将企业文化的精髓融入战略研究、企业改革、资源配置、科技进步等企业管理的各个环节，营造了有利于企业与职工共同发展的和谐氛围。让企业固化下来的文化理念转化为职工的自觉意识和行为方式。

二、创新载体建设，整合资源，以学习力和创新力推进学习型企业创建

企业学习力的提升、群体智商的提高，是创建学习型企业的关键。

(一)“头雁领航”为企业发展添动力

积极培育符合工业区产业转型发展要求的高素质劳动者队伍，提升行业企业在产业优化升级中的竞争优势。通过技能竞赛平台加快园区高技能劳动者队伍建设，带动工业区各行各业争学技术、比拼技能、提升产品和服务质量，树立“技能就业”的良好导向，创造“技能成才”的良好环境。不少企业以此为契机，广泛开展岗位练兵，选拔培养技术能手。每年的技能竞赛都会有一大批技艺精湛的高技能人才脱颖而出，为企业培养更多技能头雁。

(二)“智慧学堂”为员工学习拓途径

以“同心园·智慧学堂”——“暖课堂”为品牌送学习进企业。“暖课堂”以“私人定制1小时”为概念，采取员工点单方式，利用中午休息时间，邀请专家学者进企业授课。课程设置以职工需求为导向，分为健康养生、个人理财、心理保健、形象礼仪四个类别，内容涵盖合理饮食、职业生涯规划、缓解职场压力、提升自我形象、树立投资观念等10多个项目。“暖课堂”的精髓在于“暖”字，所谓的暖就在于贴近人心，包含两个非常吸引人的关键词：“贴合”，“暖课堂”安排的课程都是与企业员工生活密切相关的，是他们真正想看、想听，却没有时间去看、去听的知识，课程设置非常贴合他们的听课需求；“适度”，“暖课堂”的活动时间定为中午12时，每次课程时长也只有一个小时，不讲硬邦邦的大道理，形式丰富多样，强调老师和员工之间交流互动，充分顺应了企业员工的需求特点，有利于他们放松身心、释疑解惑、学习知识。“暖课堂”从一开始就坚持问题导向，通过实地走访企业职工的方式，听取意见和建议，了解员工的真正需求。在时间安排方面，针对企业白领上班时间紧凑、活动范围有限的情况，“暖课堂”对症下药，充分利用企业职工中午休息一小时的“空白段”安排课程，不影响企业的正常生产经营；在上课方式方面，主办方与应邀前来的知名专家学者积极沟通，要求他们通过交流互动、案例探讨、现场体验等方式进行授课，营造柔性、宽松、和谐的课堂氛围；在内容选择方面，由必修转为选修，与企业白领日常工作生活实现最大程度的契合。

在“暖课堂”进企业的基础上，工业区注重总结可复制、可推广的经验做法，通过整合资源，广泛听取企业职工意见建议，积极创设各种贴近企业职工需求的平台和活动载体，有效扩大工作的影响力和覆盖面。

（三）“工程师学院”让工作与学习融合

为加快高技能人才队伍培养步伐、激励一线员工创新，2016 年 5 月成立的嘉定工业区工程师（技师）学院（简称工程师学院），以培养高层次、急需紧缺专业技术人才和创新型人才为重点，实施专业技术人才知识更新工程和卓越工程师培养计划，提升园区整体创新创造实力。学院以培养知识型、技术型、创新型职工为己任，聘请来自企业一线的技能大师及专业院校导师，面向园区所有职工开设贴合企业职工实际需求的培训课程，通过理论传授和技能实训，提高职工技术技能水平，帮助更多的产业工人实现工程师梦想。截至 2016 年 12 月，工程师学院已聘任了 10 位讲师，他们都是来自大陆泰密克汽车系统（上海）有限公司、沃尔沃汽车集团中国区总部等园区入驻企业的一线高级技工。课程涵盖新能源汽车、电器控制、机械数控、机器视觉、生物医药等产业领域，开设有《现代工业实用 PLC 编程及应用》、《机械三维软件建模及加工》、《机器视觉入门及初步应用》、《基础生物学技能强化培训》、《汽车新能源技术维修发动机介绍》等专业培训课程，面向园区企业进行招生。工程师学院将多方征集意见，在现有课程基础上推出更多不同产业领域、不同层级的培训项目，满足企业职工的培训学习需求，把学习贯穿于实际工作之中。引导员工带着问题学习，把工作中的问题解决在学习中，形成共同学习、共同交流的风气，打造技能人才培养孵化链。

（四）“千名党员进党校”创新“两新”党员学习模式

针对工业区“两新”组织党员的特点，采取“互联网＋党员轮训”创新模式，通过集中学习、线上线下、自学选学相结合，以主题报告、专题讨论、e 课堂等多种学习方法，充分调动学员的积极性，帮助党员增强党性、提升素质。一是名人党课，面对面交流增党性。在开班典礼上邀请中国发展模式研究专家张维为教授作《国际比较视野下的中国道路》主题报告，并与党员交流互动。同时，在工业区党建服务中心微信平台上，进行同步直播。学员可以通过手机微信在线收看。二是云端党建，点对点自学提素质。此次培训，在微信平台上开设网上学习政治理论和人文素养两大板块，党员可自由选择时间在线学习，学习后获得流量赠送。红色党史，键对键在线秀达人。通过在线党史竞答，帮助党员重温党史。活动中，共 20 多家支部党员积极参与到线上各项活动中。三是暖心暖课，支部点单服务进企。在开班典礼上开设秋冬养生暖课堂，资深专家免费为 50 余名党员把脉开膏方。此外，各支部在自选暖课“嘉年华”中通过单独或联合的方式进行点单，内容涉及个人理财、心灵养护、医学健康、艺术修养等，在组织中实现组内党组织分享。同时，体验课程也深受党员欢迎，打破支部隶属限制，党员积极参与到感悟历史、大汉情缘等体验中，活动反响很热烈。四是智慧滋养，浸润书香悦读越美。以线上选书、线下阅读的方式，精心准备了政史类、经济类、管理类、文艺类等相关书籍，党员通过在线选择自己喜欢的书籍，书籍以快递的方式迅速邮寄到党员手中，活动中共购买 620 本书籍送到支部和党员手中。

(五)“企业家论坛”为管理者的学习分享搭平台

针对企业管理者，依托商会等组织举办“ideal”企业管理者论坛，每年推出菜单，论坛涉及企业管理与发展、融资、法律法规、劳动人事等内容，每年开展优秀企业家评选活动，每月期刊《企业之家》设管理论坛栏目，与知名企业家对话。“企业家沙龙”活动是工业区商会的特色亮点，商会通过举办各类活动、研讨会及比赛，为企业的产业发展、行业交流和创新思维搭建平台。“企业家沙龙”注重对企业管理人员的培训，举办与企业相关的海关政策培训、知识产权讲座、节能技术对接会、高新技术企业培训、质量管理与标准化培训等，旨在提升企业高管能力，帮助企业提高法律、知识产权等意识，防范风险，守法经营，提升企业发展竞争力。

三、树立终身学习观念，与时俱进，形成学习培训的立体网络

企业作为社会重要经济组织，它的发展影响园区经济的命脉。学习型企业建设的基本内涵和要求从实践的角度看，创建学习型企业，其实质就是要在企业确立一种理念、营造一种氛围、形成一种机制，即确立职工持续学习、终身学习的理念，营造工作学习化、学习工作化的氛围。因此，在园区各企业树立培训是员工最大的福利的观念。

(一) 加强四个层面的学习

一是终身学习。组织成员均能养成活到老、学到老的习惯，从而使组织充满良好的学习气氛。二是全员学习。组织的决策层、管理层和操作层都能全心投入学习，尤其是决策层。三是全过程学习。强调工作学习化、学习工作化。四是团队学习。强调组织成员的合作学习和群体智力的开发。

(二) 强化员工业务技能培训

以企业的学习环境为基础，拓展员工学习的途径，探索适合企业特点的学习形式。广泛开展职工的学习活动，坚持干什么、学什么，缺什么、补什么的原则，促进员工学技术、钻业务、比贡献。通过学习，转化为创造力，解决组织面临的实际问题，不断进行组织变革、管理创新和产品升级。除了每年全方位开展员工技

能大赛，各企业在抓好岗位技能培训的基础上，积极开展多种技能培训；丰富班组学习内容、学习方式，形成形式多样的基层团队学习模式；对岗位成才的典型加大表彰奖励力度，形成尊重技工、崇尚技术、努力成才的良好环境。上海格尔汽车附件有限公司李凤娟，这位只有初中学历的打工妹通过“创新发明”为企业节省近两千万元，2016 年评获“全国学习之星”称号。

（三）开展团队学习与修炼

上海联影医疗科技有限公司联影设计创新中心学习团队获得世界工业设计至高奖项之一的红点设计大奖，联影总部副总裁、设计创新中心（CDIC）和品牌战略与传播中心（BSC）总监 Rolin Yu 在带领团队接受奖项时发表感言：“我们坚定地相信，自己能做到什么，且带着一种使命感去创造和引领”。

（四）“吾创吾品”共享学习系统

建设利用移动载体的全民终身学习公共服务平台，开发了“吾创吾品”微信服务号功能，打造“在线学堂”。畅通信息渠道，搭建沟通交流平台，实现课程发布、报名参与、实时查询、学习评价、沟通咨询等一系列在线服务和互动交流。为终身教育插上“互联网＋”的翅膀，搭建了一个网络学习平台，牵起不同时空的教与学，让园区企业员工共享知识、共同学习，促进每一个人便捷、平等地享受优质教育。

四、推进学习型企业创建的几点思考

（一）要进一步加强指导，完善创建工作机制体制建设，力求创建实效

继续完善政府统筹协调机制，包括政府协调机制、评估机制、奖惩机制、保障机制等，完善“党工委领导、管委会主导、部门联动、社会支持、全民参与”的具有综合性、全程性、权威性的终身教育管理体制，构建“办学主体多元化、办学模式多样化、办学形式开放化”的终身教育办学体制，以适应区域内市民终身学习的多样化需求。

（二）要有明确的创建思路，使创建活动的阶段目标、任务和步骤与企业的改革发展进程保持同步，做到统筹安排，整体推进

把创建活动纳入到企业管理的整体框架中，要与培育企业文化紧密结合，要与企业职工教育创新紧密结合。创建学习型企业，要把重点放在企业的基层，加强学习型车间、学习型班组、学习型科室等学习型组织创建，夯实学习型企业的创建基础。要进一步完善创建活动的运行机制，使创建活动持久、规范、制度化地开展。

（三）要进一步加强认识，丰富学习内涵，夯实企业创新的重要力量

要正确认识学习型企业的“学习”所包含的新内容，坚持学习工作化、工作学

习化、学习生活化，将学习工作生活融为一体。坚持学以致用，把完成每项任务的重点、难点作为学习的课题，把每打一仗、总结一次作为学习的阶梯，把树标杆、学先进、赶先进作为学习的一种境界。一是学习与工作不分离。要把工作的过程看成学习的过程，在工作的全过程中不断总结、反思、学习、提高，把工作学习化；又要把学习看作与工作一样，提出要求，进行规划、检查、考核，将学习工作化。二是在个人学习的基础上，强调团队的学习、组织的学习。建立开放互动的团队学习系统。通过学习使彼此连接，实现信息反馈、交流与共享，为企业、个人带来新的创造能力。三是学后要有新行为。强调“习”大于“学”，强调学习后要产生新的观念、新的行为，产生企业创新变革的重要力量。

（四）要进一步加强实践，创建学习型企业必须更注重方法，讲求实效

要进一步创新群众性学习载体，构筑职工学习平台，要针对园区不同层面职工群体的特点，加强职工教育阵地建设，丰富“同心园 · 智慧学堂”，开展形式多样、丰富多彩的职业教育和岗位培训工作，形成全员岗位学习培训的终身教育体系。

继续以工程师学院建设为抓手，组织力量挖掘、整理、整合区域内优秀特色文化、特色产业技能，开发形成一批具有鲜明特色和较强影响力的区域终身教育课程，并建立课程资源库。面向园区所有职工开设贴合企业职工需求的培训课程，通过理论传授和技能实训，提高职工技术技能水平，帮助更多的产业工人实现工程师梦想，不断满足职工群众日益增长的学习和发展需求。要继续深入开展职工读书自学活动，激励更多的职工岗位成材、自学成材，引导职工不断在实践中完善自己，在竞争中提高自己，在奋斗中充实自己。

创建学习型企业是一个永无止境的动态过程，只有起点，没有终点。我们要以更高标准、更高境界深化学习型企业创建，推进园区学习型社区建设。

以学习型党组织建设为抓手推进学习型企业建设[①]

——上海锅炉厂有限公司学习型组织建设的探索、实践与创新

上海锅炉厂有限公司(以下简称上锅)是新中国最早创建的专业设计制造电站锅炉的国有大型企业,隶属上海电气集团。公司位于上海市闵行区华宁路250号,占地面积52万平方米。截至2017年9月,公司在册员工数2200余人,电站锅炉年制造能力达2700万千瓦。

上锅学习型组织建设是一个历久弥新的过程,最早可追溯到2002年,上锅将学习型班组作为创建学习型企业的落脚点,成功引入了"学习型组织"的管理理念,直至2009年,以学习实践科学发展观活动为契机,结合多年来学习型班组建设的经验模式,上锅开始了建设学习型党组织的有益探索。经过近年来的实践,上锅学习型组织建设立足时代主题、社会形势和企业实际,不断创新学习方式和载体,不仅使党建工作发挥实效,强化了党组织的领导力和凝聚力,而且提升了企业员工能力素质,为多元化人才队伍建设提供了重要保障,推动了企业发展。

一、问题背景

上锅在20世纪末实现了"争当国内行业排头兵"的愿景,但是也清楚地认识到在知识经济时代,特别是在新一轮火电行业的新形势下,上锅的企业优势并不明显,走学习型企业发展之路是实现健康稳定发展的迫切需要。2002年,上锅提出了"逐步建成符合现代企业制度要求的学习型企业"的战略目标,在职工当中灌输"不断学习,公司才有生命;与时俱进,企业才能发展"的理念。上锅把学习型企业建设与企业发展相结合,通过不断地探索与实践,逐步走出了一条符合企业实际和时代发展的特色之路。

---

① 本报告由上海锅炉厂有限公司提供,执笔人:孙铎。

二、创建措施

(一)探索:从"学习型班组"到"学习型党组织"

1. 以学习型班组为起点,引入理念、开启探索

对大型制造业国企而言,班组是企业的细胞,是职工工作、学习的基本团队组成,发挥着重要作用,因此上锅引入学习型组织的管理模式,将其"本土化",把建设学习型班组作为创建学习型企业的着手点。在"学习型班组"的建设过程中,一方面上锅采用逐步渗透,分层辐射的方式,通过"三步走"——班组长培训、职工宣传和"三位一体"(班前会、班组学习会、职工政治轮训)的职工学习制度,把先进理念持续传播到广大职工中去。正是学习型组织概念的先入为主,为学习型组织建设在理论层面奠定了广泛的群众基础。另一方面,学习型班组建设从试点班组着手,经过长达一年的理念运用、实践摸索和反思总结三个阶段,不仅明确了以学习力推动生产力这一总体思路,同时强调班组个体建设应结合自身的工作特点、岗位性质和成员需求,创新多样化的学习模式,为后期学习型组织建设在各支部的探索和实践提供了充足的参照实例。

2. 以学习型党组织为载体,自上而下、逐级推进

2009年,上锅党委响应中央号召,扎实组织开展深入学习实践科学发展观活动。在加快企业产业结构调整的形势要求下,上锅克服了国际金融风暴、市场情况多变等外部环境恶化所带来的众多不利因素,适时提出了"实践科学发展观,实现三个提高(提高健康程度、提高竞争能力、提高盈利能力),建设世界级企业"的发展目标,由此开启了上锅建设学习型党组织的探索与实践之路。2010年初,中共中央办公厅印发《关于推进学习型党组织建设的意见》,上锅党委根据上海电气(集团)总公司把上锅等企业打造成世界级公司的战略规划,全面推进学习型党组织建设。公司党委组织管理层成员召开专题学习会和发展务虚会,并按各自工作分工确定课题调研领域和方向,深入各自学习实践活动的联系点了解情况,指导具体活动的有效开展。此外,在原有的干部中心组"五学机制"上加以改进,将中心组讨论思考问题与宏观经济形势、行业发展态势,企业自身形势有效结合,使学习讨论更有焦点。同时在基层,以党小组为单位举行专题组织生活,聚焦公司发展的瓶颈问题进行学习讨论,认真查找和梳理自身短板问题,为活动开展调动广泛的群众力量。可以说,上锅建设学习型组织的初期探索是围绕企业生产经营,自上而下、逐级推进的。

(二)实践:学习制度化、形式多样化

1. 学习制度化

在学习型组织活动建设中,上锅党委贯彻"需求导向"和"问题导向"的工作

思路，积极创新学习方法，深化学习内容。以经济学知识、企业管理知识、高新技术产业化知识以及解决改革发展中突出矛盾的好方法为学习内容，提升领导干部解决发展中矛盾的思辨能力和创新能力。在坚持干部“五学”（自学、研学、考学、述学、讲学）的基础上，提出以“4+4+4”作为全年学习的必保机制，即根据上海电气（集团）总公司要求，每年安排中心组集体学习政策、文件等4次；围绕公司“再次创业”的热点和难点，安排中心组集体学习4次；结合公司实际需求，以讲座、报告会等形式安排集中学习4次（每季一次）。明确中心组分大组集体学习时，党委中心组成员采取与分管职能交叉的形式，参加其他中心组的学习讨论。党委还要求各支部根据部门工作需要，自行适当安排其他学习内容。为加强党员学习活动，全公司的党支部设立了党员责任区活动看板，把党员学习理念、工作愿景、服务承诺通过图文并茂的形式展示出来，接受群众监督。

2. 形式多样化

为了强化学习型组织建设，上锅在员工培养方面进行了努力尝试，取得了一定的效果。例如，在干部能力建设方面，公司每年为管理层及中层干部推荐读书书单，通过共同学习，用先进的思想和优秀的文化武装头脑、指导工作；定期举办干部读书论坛、党建研讨会、支部沙龙等活动，让领导干部走上讲台，讲述学习体会与收获；每年出版的《干部理论学习交流》收录了党委中心组成员撰写的各类学习体会、调研课题。党委评选年度优秀调研文章，在企业范围推广应用，让学习成果落地生根、学以致用。在员工教育方面，每年制定员工教育计划，推出“三鹰”人才培养工作：“雄鹰计划”打造企业后备干部蓄水池，“山鹰计划”注重培养技术、管理年轻骨干，“海鹰计划”重点打造锅炉制造“工匠”。同时鼓励全体党员把难点问题变攻关课题，每年以支部为单位开展课题攻关，提升员工解决问题的实际能力。学习型组织建设结合企业总体发展战略规划，极大地提升了广大员工的能力素质，为企业可持续发展提供了坚强的人才保障。

（三）创新：开拓演练中心、组织生活公开课新平台

近年来，上锅党委创建学习型组织建设成果初现，获得了“全国创建学习型组织十佳单位”“上海市创建学习型推进工作先进集体”等称号。这与公司党委在坚持传统学习方法途径的同时，不断改革创新、以加强载体创新为抓手推进学习型组织建设的工作思路密不可分。

1. 打造学习型组织演练中心

2012年，上锅打造学习型演练中心为学习型党组织建设的重要平台。演练中心设置学习型党组织演练、学习型领导干部演练、学习型班组长演练三个演练系列。演练中心的运行为企业在发展中推进学习型党组织建设探索出一条新途

径，并于2012年荣获“上海市终身学习活动品牌项目”称号。上锅学习型组织演练中心的布局为“两坊三厅”式结构，依次为导学坊、学习厅、思考厅、创新厅、展望坊，整个学习演练过程在每个演练厅分步骤完成。在软件建设方面，上锅与上海明德学习型组织研究所共同开发了学习型演练教学软件系统。为使教学内容生动活泼易于接受，教学软件系统融合音频、视频、图片展示及演练测试为一体，内容丰富，形式新颖。在学习厅、思考厅和创新厅，根据教学环节的不同，配置相应的演练教学软件系统。学习型组织的核心在于打破个人学习的传统思路，通过团队学习发挥整个组织的团队优势。为打造学习型团队，上锅学习型演练中心在演练培训中着重突出团队演练内容。在班级安排上，为保障演练效果，采取小班培训的方式，每个班级为10人，整个培训过程为3小时。每个班级的学员都来自同一党支部或部门，便于在培训过程中进行团队演练，培养团队学习的意识。在培训内容上，强调通过培训打破学员传统学习的心智模式，设有头脑风暴演练、大墙会议演练以及AAR反思法等方法，力求使学员通过进行团队学习和团队思考的演练形成团队学习的心智模式。演练中心投运后，先后有公司内党支部书记、党小组组长、班组长、工会组长等参加演练。2013年，公司安排全体党员参加轮训；2014年，公司安排全体班组长、工会组长参加轮训；2015年，完成对江川街道社区工作者轮训；2016年，更是把演练中心变为“两学一做”大课堂，完成党员自主轮训工作。

2. 创新党的组织生活公开课

2011年起，根据上海电气(集团)总公司组织生活的相关要求，上锅党委提出了“7+5+X”的组织生活新模式，7是7次党委规定要求(即年度形势任务教育活动、党内主题实践活动、岗位承诺活动、党内先进学习活动、党内工作交流活动、廉政教育活动以及年度民主评议党员活动)；5是5次支部自选动作，由党支部根据上级精神、支部特点自行设定；X为支部自我创新动作，从制度上确保各党支部每年组织生活都能产生亮点。组织生活公开课是上锅党委为促进支部经验交流，提升支部组织生活创新性和策划性的一项重要举措。通过2012年的试点和2013年的推广，现已成为公司党建的特色工作之一。近年来，各党支部不断创新组织生活公开课内容，每年年初各支部根据党委年度组织生活计划，围绕党建主题及中心工作自行策划并申报，组织部门根据内容及业务关系安排相关支部参加观摩。以2016年为例，全年共有17个党(总)支部结合本支部特色独立或联合举办组织生活公开课13次，其中技术条线的党支部重点围绕技术创新、降本增效等主题，通过案例展示、自由交流等形式，为今后的技术设计改进工作拓宽了思路与方法；生产条线的党支部通过PPT、自制动画视频等引发党员对产品和质量关系的深思，同时增设妙趣横生的现场知识竞赛、有奖知识竞答等环节，更是将公开课推向了高潮；管理条线的党支部则联手搭起哲学讲堂，围绕法律与道德的辩证关系引发对争做合格党员的思考。有不少党（总）支部在形式上引入了新媒体、微电影、情景剧、知识竞赛等元素，内容上融入了“两学一做”学习教育、提质降本等方面内容，既保持了党内生活的严肃性，又使形式生趣盎然、创意无限，充分调动了广大党员参与的积极性，也进一步巩固了公司的党建品牌特色。

三、思考启示

在建设学习型党组织的有力支撑下，上锅党建工作的有效性和创新性得到明显提升，较好地实现了部门教育资源共用、支部工作经验互享、公司发展与党建工作齐创的良好局面。

（一）推动企业发展

创建学习型企业对于企业的转型发展有着良好的推动作用，上锅只有不断学习，才能适应外部环境、市场的快速变化，才能以变应变，在市场上立于不败之地。上锅党委注重将创建学习型组织作为党建工作的重点，通过学习贯彻党的理论方针政策，以“需求导向”“问题导向”的学习理念创新党组织工作，在推进技术创新、管理改进、项目执行、课题调研等方面发挥优势，增强工作针对性和实效性，推动企业科学健康发展。并结合企业结构调整，打造“产品链”“大部制”的学习团队。与时俱进的干部学习形式，有利于产生更多的学习成果，促进企业发展。

（二）深化文化强企

党的十八大报告强调文化建设要“坚持为人民服务、为社会主义服务的方向……坚持贴近实际、贴近生活、贴近群众的原则”。当前，社会主义文化大发展、大繁荣，企业的文化建设应与社会文化趋势相结合，与时俱进，创新发展。上锅党委将企业文化理念宣贯纳入学习型党组织建设当中，无论顶层设计还是文化落地，都充分调动支部力量，让上锅企业文化与时俱进，融入时代要求；通过党员带头宣传、灌输和渗透，把企业文化变为员工的精神追求、价值取向和行为规范，引导员工积极、主动地开展工作，促进企业健康可持续发展。

（三）夯实群众基础

上锅学习型党组织建设以党员群众需求为导向，注重形式内容的创新，例如，组织生活内容与工作实际紧密结合，满足党员、群众的需求，提升了组织生活的针对性和实效性。此外，学习型党组织建设结合创建“学习型”班组、争当“智能型”员工等活动，极大改善职工心智模式，凝聚了广大员工力量，夯实了企业思政工作的群众基础。

十年在路上

——中交上海航道勘察设计研究院有限公司“学习型组织”创建工作思考与实践[①]

学习型组织，是当今前沿的管理理论，它提出的“未来唯一持久的竞争优势，就是比你的对手学习的更快”的观点深入人心、风靡全球，从20世纪90年代西方学者正式提出“学习型组织”理论之日起，便在世界范围内形成了一股学习和研究“学习型组织”理论的热潮，众多企业也在引进该理论进行本企化的实践和探索，据不完全统计，全球世界500强企业有40%正在实践和运用该理论进行组织学习和再造，以保持企业长盛不衰和持续发展。美国《财富》杂志指出：“未来最成功的公司，将是那些基于学习型组织的公司”。学习型组织是企业未来发展的趋势。一个企业只有当它是学习型组织的时候，才能保证有源源不断的创新出现，才能具备快速的市场应变能力，才能充分发挥人力资本和知识资本的作用。未来成功的企业必然是学习型企业。

2004年，笔者所在研究院作为以知识密集型、创新驱动型为特征的设计院，“学习力”作为企业基因和资源禀赋，与“学习型组织”的本质有着天然的契合，催生了一个组织新生命的孕育，从此正式踏上了创建“学习型组织”之路。十多年来，本着“真学、真悟、真做”的指导思想，以五项修炼为基础、以五环模式为路径，扎实推进创建工作，十余年的坚持和努力，使得员工和组织发生了积极而生动的变化：“学习创新”理念深入人心；内化于心的团队愿景逐步确立；员工的心智模式得到改善；团队学习共享成为一种常态；学习工作化、工作学习化成为一种习惯；自主管理成为团队成长的能动因子；组织的结构持续变革完善；创意创新不断涌现；“学习＋激励”的管理特征初步形成；兼容并蓄、平等开放、快乐共享的文化气息逐渐弥漫。

回顾并不意味着满足和停顿，而是为了总结和反思，汲取继续前行的力量。

---

① 本报告由中交上海航道勘察设计研究院有限公司提供，执笔人：张群。

十年的每一个脚步，都记录着坚毅和执着：有过困惑，但从没退缩；有过彷徨，但从没放弃；因为心中有个不变的梦想——“学习型组织”一定能助力企业与员工共成长！

一、理念导入：打开一扇心灵之窗

十年前，“学习型组织”对大多数员工而言还是个很新鲜很陌生的词汇，即使看到过，也仅是个组合的词汇而已。而要把学习型组织的管理理论全面引入企业，让它成为指导企业实践的理论和个人成长的工具，首先要必须摒弃传统管理理论中的某些思维弊端，打开尘封已久的心灵之窗，来接受新思维的变革，且告诉大家：什么是学习型组织？它能给我们带来什么？它能为个人和企业改变什么？

（一）构建战略联盟

为把学习型组织管理理论引入公司，与国内最早研究该理论并积极进行本土化实践的权威机构——上海明德学习型组织研究所建立了战略联盟，引入外脑，实现理论指导与实践工作的对接，协助公司的创建工作。

（二）规划创建大纲

明确了以“理念导入为基础、共同愿景为核心、团队学习为特征”的创建指导思想，根据公司实际制定了《创建学习型企业三年实施大纲》《学习型组织管理理念导入实施计划》《企业共同愿景塑造实施计划》《建立组织学习系统实施计划》等创建工作文件，系统规划了创建工作的目标和步骤，把创建工作上升到企业行为。

（三）开展全员培训

请专家教授开展“学习型组织每月一讲”活动，累计讲座10余次，全体员工参与听课并认真笔记，学习和理解该理论的真谛和创建的现实意义：以“学习型组织”管理理论为指导，使企业和员工在共同愿景的感召下，积极改善心智模式，培育团队学习能力，树立系统思考意识，勇于实现自我超越，不断提高企业的学习力、创新力和生产力，持续形成企业的核心竞争力，促进企业和员工的全面发展。

（四）夯实创建基础

公司成立了创建工作领导小组和工作小组，具体指导和负责创建工作的推进。工作小组定期组织开展“快乐一小时”活动，以团队学习的方式研究解决工作中碰到的各种问题，发挥好先导作用；确立以“五环模型”（理念导入、共同愿景、团队学习、变革管理、提高贡献率）为实现路径，分阶段重点推进。通过制度和模型建设，进一步夯实创建工作基础。

二、建立愿景：追寻一束生命之光

追寻什么目标？为何追寻使命？如何追寻价值观？学习型组织把目标、使命和价值观的内在统一称为愿景。通俗地说，愿景就是梦想，每个人、每个组织都应有梦想，在个人梦想基础上共同达成的组织梦想就是共同愿景，共同愿景就像一束生命之光，照耀着个人和组织前进的方向。

（一）激发个人愿景——为了更好的生活

注重激发个人愿景的建立，以团队互动形式加以分享，鼓励员工说出自己的目标和追求，帮助他们一起设计职业发展之路。人力资源部门对员工建立个人档案，对员工的职业成长加以规划和导航，引导个人愿景落地，把个人愿景同团队愿景结合起来，扎根在岗位上，实现在事业中，不断达成追求个人美好生活的愿望。

（二）汇聚团队愿景——为了更强的团队

个人离不开团队，没有团队支持，个人将一事无成；团队不能没有凝聚力，没有凝聚力的团队将成为一盘散沙。团队的凝聚力来自一个共同的目标追求，这就是团队愿景。在个人愿景建设的基础上，来畅想和讨论团队的定位和追求，通过多次交流互动分享的形式，把大家的意见汇聚起来，使得团队目标的轮廓渐渐清晰，提炼出大家发自内心、真心追随的团队愿景，公司所有部门都建立了共建共享的团队愿景。

（三）提炼企业愿景——为了更美的未来

通过团队愿景的分享和交流，注重挖掘团队愿景背后的共同点和价值点，把它们上升到企业发展的战略高度加以再认识和再提炼，提出了“海内外市场并重、设计与施工联动，打造国际型工程公司”的企业愿景，并通过各种形式加以宣贯和固化，使之成为共同追寻的目标。

（四）确立价值导向——为了更大的使命

建立了愿景，必须自觉成为它的忠实仆人，真心地追随。如何追随，必须要有正确的价值引领。注重培养员工的责任感，建立起使命意识，把个人的价值追求同“振兴民族疏浚产业”的宏大使命结合起来，增强荣誉感。在全员中倡导“崇尚职业道德、践行真善美”价值标准，树立“诚信服务、合规经营”理念，实现个人价值、企业价值和社会价值的和谐统一。

三、团队学习：集聚一众智慧之商

学习型组织认为：团队智商大于个人智商。正因如此，团队学习被认为是学习型组织的基本特征。学习型组织的团队学习和传统意义上的部门学习有本质不同：成员的全心参与（不是参加）、心态的平等开放（没有领导和权威）、观点的深度汇谈（不是泛泛而谈）、成果的反思共享（不是一般性结论）。

（一）改善心智模式

心智模式是员工长期形成的思维习惯和行为方式，往往比较顽固且自我感觉良好，这种个人心理智障在团队里容易形成团队学习智障，阻碍团队学习的有效性。团队学习的本质就是深度汇谈，即说出心中真实的想法，不必顾忌领导、权威或他人感受。这就要求每个员工，尤其是领导，要克服心理智障，树立民主开放、平等交流思想。通过《团队学习实验室》课件培训演练、每日经典小故事启发和团队四个角色演练等活动与形式，不断改善员工的心智模式。

（二）整合系统资源

团队学习作为创建学习型组织的重要一环，要以管理手段加以推进，上升到制度层面，创建工作才有基础和支撑。我们通过实践和思考，提出了学习型团队创建的三大平台，即创建基础、创意天地和创新贡献，三者合而为一，形成一个有效的创建载体，每年有计划、有内容、有考核、有评估，把考核结果与支部考核、文明部室考核和中层干部绩效挂钩，有力地促进创建工作的深化。

（三）构建学习模型

团队学习如何行之有效，既体现深度汇谈的本质要求，又要面对工作解决实际问题，这就需要提供一个基本模型加以引导，并在实践中鼓励创新。我们运用“反馈学习、共享学习、反思学习”逻辑递进式的系统学习方法，结合单位特点和工作实际，创造性地提出了“理论引领、共享平台、案例剖析、创意天地”互动式、模块化的团队学习模型，具有很强的针对性和操作性，起到了较好的学习效果。同时在此基础上，大墙会议式、头脑风暴式等团队学习方式也不断涌现，丰富了团队学习的内涵。

（四）提升教练技能

在创建工作中，十分注重学习型先导骨干队伍的培训，专门成立了创建工作指导小组，作为教练团队，定期开展内训交流活动，强化学习型组织理论学习，研究创建的具体工作，提升教练指导的技能。小组成员经常深入团队，注重培育和发掘团队学习典型，通过团队学习演练和示范，推广好的学习方法，使团队学习呈现出个性化和多样化的特点。

四、变革管理：挥写一部成长之纲

学习是为了产生新变化，管理大师彼得·圣吉认为：学习型组织本质就是创新。对组织而言，以解决问题为导向的团队学习目的就是要变革管理、流程再造、制度创新，使整个团队和组织的效率更加优化，使组织的能量尽可能放大，以实现组织的持续成长。

（一）强化系统思考

五项修炼的核心就是系统思考，结合行业特点提出了五项修炼的“组织船”模型：把“船要到达的目的地”比作“团队的愿景”；把“船桨的动力”比作“团队学习的能力”；把“船帆的灵活变化”比作“团队改善心智模式的能力”；把“克服船舶前进障碍的勇气”比作“团队自我超越的能力”；把“影响船舶航行内外因素的识别能力”比作“团队系统思考的能力”。这样，把五项修炼的原理还原成实践模型，使抽象的概念具体化和人格化，对系统思考的认识就更直观和清晰。以此来引导员工看问题、想事情要善于从“事件、模式、结构”这样一个逻辑层次去寻找答案，学会从事件和模式层面的“症状解”向系统和结构层面的“根本解”深入。

（二）开展自主管理

学习型团队建设同传统团队的“管理＋控制”型方式有着本质的差异，它强调的是“学习＋激励”。要十分注重和发挥团队及成员的自主管理意识，把员工从“被动式、反应式”的传统思维方式解放出来，养成“主动式、反思式”的工作习惯，使他们更聪明地学习、更聪明地工作。尊重员工和团队的首创精神，不断加以鼓励和引导，通过“独立思考、团队分享、反思提高”的学习方法不断提高自我管理的能力，促进企业管理能级的提升。

（三）优化组织流程

在一个组织之中，流程决定结构，结构决定行为，行为决定结果，可见流程的优劣决定组织的效率。积极组织和倡导用团队学习的方法来发现和寻找业务流程和管理流程中的空白点、脱节点、交叉点，不断加以梳理和改进，实现了生产管理的集约化——完成了项目经理集群管理和矩阵式生产流程变革；实现了技术管理的专业化——建立了专业建设和人才培养室总工程师负责制；实现了知识管理编码化——建立了企业内部四库系统（技术标准库、技术范本库、专业软件库和专业资料库），极大地提高了组织效率。

（四）实现制度创新

注重把基层团队创建活动过程中形成的经验和做法，不断加以提高和总结，把它们上升为企业管理行为，以制度的形式加以固化。先后制定和完善了文明部室考核的“三指标”模式、学习型团队评估的“三创”模式、中层干部管理的“三述一谈”模式和党支部建设的“5＋2”模式等一系列制度，促进了企业制度建设的完善。

五、提高贡献：高歌一曲超越之唱

学习产生变革，变革成就贡献。十余年来，持续开展形式多样的理念导入、不断提炼凝聚共同愿景、倡导持镜自照式地改善心智模式、组织深度汇谈式的团队学习和培育训练系统思考的习惯等五项修炼，使得员工学会学习、学会思考、学会改变，学习工作化和工作学习化成为一种习惯，并使个人习惯上升到企业习惯，成为企业发展的制度基础和文化基础，不断推动企业更好更快发展。

（一）创意不断涌现

通过学会“反馈学习、共享学习、反思学习”的团队学习方法，员工把“学后要有新行动”这一理念落实到具体的工作实践中，知识的分享不再是简单的叠加，而是学习能量的扩展和裂变。以建言献策为特点的工作创意、以重点工作推进为特点的工作创变、以专利技术和规范编制为特点的技术创新呈现勃勃生机。

（二）管理持续提升

十分注重“学习工作化、工作学习化”的结合，强调的是工作中的学习和学习为工作服务的理念，要用学到的知识不断地改善工作、改善绩效。几年来，先后完善了项目经理负责制的矩阵式管理、强化专业建设的室总负责制管理、岗位分级的人才培养阶梯式管理等工作，并在资质管理方面，正向综合甲资质方向迈进。

（三）团队快速成长

通过学习和提升，专业化的团队和人才快速成长起来，已经建立起一支支能独当一面、技术精湛、服务一流、反应迅速的科研和设计团队，直接面向市场，为客户创造价值。与此同时，一批批不同年龄层次的专业人才也逐渐成长起来，首席专家、专业带头人、技术骨干队伍正朝年轻化和复合型方向发展，为企业的持续发展提供了坚实的智力支持和人才保障。

（四）文化形成张力

学习型组织的创建从改善心智模式入手，把重塑心灵当作首要任务，并最终在精神层面体现出它的文化特征。通过十余年持续的培育和引导，以“比对手学习得更快”的速度文化、“真正的学习是从反思开始”的反思文化、“团队智商大于个人智商”的共享文化、“学后要有新行动”的创新文化、“团队服务个人、个人反哺团队”的感恩文化、“快乐学习、快乐工作、快乐生活”的以快乐文化为特征的文化特性，在企业逐渐弥漫开来，形成了良好的文化氛围和文化张力，构成了学习型设计院文化特质的重要内涵。

十年在路上，难的并不是开始，而是坚持。学习型组织创建之路只有开始，没有结束，未来的道路上依然充满艰辛和曲折，但要继续探索和前行，去寻找企业发展和人生成长道路上灿烂的风景。

解读赋能的学习型企业[①]
——政睿达上海公司学习型企业文化的建立与落实

在美国排名前25位的企业中，80%的企业即有20家企业已经采用了学习型组织的模式，其中微软、通用电气公司（GE）和国际商业机器公司（IBM）都是大家熟悉的学习型企业。

学习型企业的特点是：权力分散，自我管理，有效沟通。学习型组织（learning organization）这一概念主要来自管理学者彼得·圣吉，他在其著作《学习型组织的艺术与实践》中提出了学习型组织所需的五项修炼，并指出："学习型组织是一个能熟练地创造、获取和传递新认知的组织，它善于修正自身的观念和行为，以适应新的知识、见解和观念，从而能及时、不断解决企业在发展中遇到的各种新问题。因此，在现代特别是新工业革命的时代下，企业为了更好地发展和更快地应对竞争，都在逐步地向学习型企业过渡"[②]。

要成为学习型企业，企业首先需要建立相应的企业文化和经营理念。企业的文化好比土壤，实现学习型企业作为目标就好比开花结果，如果没有学习型企业文化的土壤，无论浇多少水、施多少肥，要结出想要的花朵和丰盛的果实是根本没有可能的。也就是说，如果只通过外在环境的作用和压力，不将企业与员工的愿景以及其他将学习型企业所要求的观念和行为落实到企业文化和制度要求中，这个企业是成为不了学习型企业的。这就要求企业通过文化和制度，由内而外，将企业的发展与员工的愿景结合起来，达到学习型企业所要求的自我管理、创新与自我修正的目的。

在这里以青岛政睿达智能设备科技股份有限公司（简称政睿达）这家企业为例，探讨与解读一下学习型企业的文化与经营理念。政睿达是一家生产智能设备，专业从事非标自动化设备的高科技公司，涉及电子、汽车、纺织等多个行业，

① 本报告由政睿达上海公司提供，执笔人：涂文萍。

② 彼得·圣吉.2009.学习型组织的艺术与实践.北京：中信出版社.

是为国内、外制造业提供智能制造整体方案的创新企业。政睿达肩负着工业4.0时代赋予的责任。自2012年创建之始，政睿达即以为中国从一个工业大国成为一个工业强国贡献力量为己任，并以此作为政睿达人共同的使命和愿景。2015年，政睿达在筹建上海公司之际，开始启动企业经营哲学的编撰，通过调研、采访，获得了政睿达上海和其他地区员工与合作伙伴的共识，将企业的经营发展与员工对美好生活和事业发展的愿景结合起来，以中国文化为土壤、逐渐完成并完善了政睿达学习型与赋能型的企业文化和经营哲学。以下是政睿达上海公司在筹集与发展过程中，自己构建出的学习型和赋能型的企业文化体系。

一、构建政睿达文化体系

对于一个企业，没有使命和愿景，这个企业只能是一只没有航向和船锚的小舟。如果企业的经营有一个伟大的使命，但是却无法与员工一道拥有一个共同的愿景，那么员工也会失去前进的动力。只有让企业的使命和愿景成为员工的使命和愿景，员工心底里的那些能量才能点燃和真正激发出来。

关于政睿达的哲学和文化体系，其基本点在于“正”，即“用正直、良知之心做人、经营企业”，这是政睿达人做事、做人最高的精神指导。进入政睿达工作的员工都拥有一个信念：对于人生，如果以正直、良知的生活方式去度过人生，每个人的生活就会变得幸福。对于事业，通过不断的努力进取，公司也会随之繁荣起来，在这个过程中每个人都会成长，获得财富与事业的成功。政睿达人的共同愿景是，以正直、良知收获五福人生。这里，一起来看看，政睿达是如何将企业的使命和愿景体现在政睿达的文化体系里。

（一）解读“政睿达”

1. 以正直、良知经营企业

“为政以德，譬如北辰，居其所而众星拱之”[①]。“政睿达”体现出的是正直、正能量，以正作为检验自己的标准。以道德、良知来开展经营，做一个正直、具有良知的企业，政睿达有海纳百川的胸怀，让不同人和企业的智慧能在这里激发和展现，实现个人和企业的价值最大化不断提升。政睿达将以正直、正确、正知、正见、正行作为对自己的要求，力求完善自己、成就他人。

2. 以智慧经营团队

睿者，睿智也。政睿达通过不断提高自己，将个人的智慧和团队的智慧有效地融合和展现，将用心、专业和责任体现在产品和客户服务上。

---

① 张燕婴.2006.中华经典藏书——论语.北京：中华书局出版社.

政睿达将以凝聚智慧、汇聚人才、引发智慧、培养人才为公司的核心目标，吸引和培养更多的认可、践行公司文化并具备专业、专注、专心工作状态的高科技人才，以严谨务实、精益求精的态度，为客户提供低成本、精工艺的产品，实现高品质的服务体验。

3. 以利他之心服务客户

达者，成己达人。政睿达，以践行企业哲学作为行为方式的根本之道。对客户、股东、合作伙伴或者其他同事而言，它在承诺、成果和质量方面值得信赖，政睿达人也承担着时代赋予的责任。

成己达人是政睿达孜孜不倦的追求，也是政睿达的目标和努力方向。在时代背景下，政睿达积极践行和传播正能量，积极响应国家的大战略目标，以“成为智能制造最佳方案提供商”作为愿景，开拓创新，不断进取，为时代的发展贡献自己最大的力量。

政睿达相信改变自己是改变世界的捷径，公司在历练团队完善自我上身体力行，知行合一，通过自我管理和自我完善，让自己得到充分的成长和历练，以及能量的提升，并达到有能力帮助和影响别人的目标。

政睿达三个字作为政睿达文化的内涵，犹如老子讲的“三生万物”，一切的经营与服务将从此生发，以至无穷。

(二) 政睿达的企业使命

政睿达企业使命：通过政睿达平台系统，赋予政睿达人及伙伴方能力，致力于客户生产效率和效益的提升，为社会的发展做出积极贡献。

在这里，政睿达把“赋能”作为了企业的使命。如何赋能？政睿达提出了三个途径：提供“正”产品、传递“正”能量、引领“正”理念。

1. “正”产品

政睿达在产品上做到精益求精就是正，粗制滥造就是不正；产品体现专业就是正，反之则不正；产品满足客户需求、达到客户满意就是正，反之则不正。

2. “正”能量

政睿达人积极向上，具有创造力和活力，正直诚实，对客户、合作伙伴和新技术充满热情；直率地与人相处，尊重他人并且助人为乐；勇于迎接挑战，并且坚持不懈；严于律己，善于思考，坚持自我提高和完善；为社会树立好形象，传递美好，广布正能量。

3. “正”理念

正理念就是正知、正见、正直、正行，政睿达通过自己的身体力行，从工作到生活到社会，多角度、立体式的向客户、家人、社会传达正理念，传递正能量，让这个社会因为政睿达的存在而变得更加美好。

（三）工作与人生意义

关于学习型组织中对“工作与人生意义”的理解，政睿达文化体系做了以下的阐述。

政睿达追求同事的幸福感，努力让同事收获成长和幸福，感受到以“幸福感”为核心和根基的六感：幸福感、责任感、使命感、成就感、归属感、荣誉感。

幸福是由内而外的一种感觉，政睿达致力于打造幸福的环境，并做到实时地引导和培训，让同事在工作中能逐渐对幸福有正确的认识和实践，在政睿达这个平台上，真正实现自我价值和幸福的紧密结合。

这是政睿达的员工对工作与人生意义拥有的一个共同愿景，政睿达的企业文化，就是将企业的经营发展与员工对美好生活与事业发展的愿景结合起来。当解读政睿达哲学体系时，会看到政睿达为实现这一个目标提供了一个具有现实意义的路径。

（四）管理和执行理念

政睿达的文化体系，为学习型企业建立了赋能型的管理和执行的理念，即自我管理、奉献协作、相互激励、促进成长、严谨高效、追求成果。

政睿达的执行理念从“自我管理”开始，到“追求成果”结束，整个过程是一个完整的闭环。在该过程中，通过团队成员之间的互相激发、奉献协作，做起事情严格遵守要求、谨慎细心，达到效能、效率的高标准，最终实现事半功倍的成果。对于政睿达人，“自我管理”是首要的执行理念，这也是建立学习型企业的基础之一。

没有完美的个人，只有完美的团队。政睿达强调“奉献协作”，只有大家互相奉献、相互协作，才能汲取团队的智慧和能量。对待每一件工作，严谨细致，把工作做得卓有成效，个人才华和人生价值方能得到最大限度地实现。

（五）团队精神

政睿达的文化体系，为学习型企业赋予了团队精神的新内容。

“聚是一团火，散是满天星”，这是政睿达团队的特质。聚集的时候是一团熊熊大火，分散开来时就像满天的星斗，在各自的岗位上发光发热。

政睿达通过在企业商学院的全面培训计划，对公司核心员工和中层管理人员进行管理与领导力培养，让他们在职位轮换与新成立分支机构中承担起部门与分公司的主要领导职责，成为独当一面、自负盈亏的经营体的领导人才。

同时，政睿达的团队精神还有另外一层内涵，就是“能予人火种者，必心怀火炬”。要求政睿达每个人都心怀火炬，与团队成员相互点燃，互相激发，同舟共济，共铸政睿达的伟大事业。

二、构建政睿达哲学体系

（一）经营与管理理念

政睿达在它的企业哲学体系里，建立与明确了政睿达学习型的经营与管理理念。

正如企业使命中所提倡的那样，政睿达经营哲学是通过政睿达平台系统，赋予政睿达人及伙伴方能力，致力于客户生产效率和效益的提升，为社会的发展做出积极贡献，政睿达人以此作为经营目的。

赋予政睿达人有能力追求与拥有物质和精神两方面的幸福，幸福是指在追求经济方面稳定与富足的同时，通过在工作岗位实现自我，来追求生存与工作意义的精神世界之充实，实现自利利他的人生。

（二）实现企业与员工的共同愿景

以构建幸福家园为目的，以幸福之路为途径，政睿达企业哲学体系对实现企业与员工的共同愿景做了以下的阐述。

1. 积善行

周文王在《周易》中说："积善之家，必有余庆；积不善之家，必有余殃。"也就是说，事物有循序渐进、慢慢积累，最终由量变引起质变的现象。同时也是警示人们，一些微小不良现象的萌生，应尽早看到任其发展下去的危害和后果，尽早警惕和采取措施。

2. 利他之心

在每个人的内心世界里，既有"只要对自己有利就可以"的利己之心，也有"即使牺牲自己也要帮助他人"的利他之心。仅凭利己之心来判断事物，往往是事与愿违的，因为只关心自己个人的利害得失，所以无法得到别人的帮助。以自我为中心，导致视野狭隘，就会做出错误的判断。相反，用利他之心做出判断，因为是站在"为了他人幸福"的立场，所以，能够获得周围人的帮助，也能拓宽视野，因而就能做出正确的判断。要想把工作做得更好，就不能光考虑自己，在做判断时应该顾及周围的人，满怀着为他人着想的利他之心。

3. 追求幸福

让政睿达家人懂得如何追求幸福。减少了利己的欲望，懂得了知足和感恩，并立志和追求人生的价值，生活就会幸福美满。在政睿达这个大家庭，以他人的喜悦为自己的喜悦，要非常重视像家人一样能够苦乐与共的信任关系，关爱自己幸福的同时，也要考虑他人的幸福。常怀感恩之心，知恩报恩，恭敬天地万物。同时，还需要理解经营之道，明白因果法则，学习专业技能，充分展示个人和组织的能力。不管环境如何，始终付出不亚于任何人的努力去打造政睿达高收益的经营体制，真正落实全体家人物质和精神两方面的幸福。实现人们利益共同体、命运共同体，成为幸福的心灵伴侣。

4. 与合作伙伴共成长

合作伙伴是指供应商、业务合作的相关利益方，以及在发展中与政睿达成为战略伙伴的投资者。政睿达的成长离不开事业的合作伙伴，以互信共赢为原则，开展透明化的经营。按照经营的原理原则考虑经营利益的平衡，倾听合作伙伴的意见，共同努力克服经营所面对的一切困难，共同成长。彼此信赖和遵守承诺非常重要，同时，需要有共同哲学思想的思维方式，成为政睿达大家庭经营体的重要组成部分，一起共享成果和幸福。需要与投资者充分沟通公司经营的战略和事业的意义，支持公司经营的决策；需要充分考虑和理解投资者的收益，承担股东投资托付的责任，以确保成为利益共同体，共享经营成果。

5. 承担社会责任

需要感恩政府给予企业经营提供的环境，不管好坏，都要珍惜。通过全体同事的努力和事业的发展，为投资的每一个区域实现更多的税收，是企业基本的经营责任。经营要透明化，要让政府和社区了解企业，并给予更多的理解和支持。要确保一切安全和管控经营风险，重视环保，节约资源，承担更多的社会责任，做更多的慈善公益，为区域的和谐发展落实责任，一起共建幸福家园，为人类和社会的进步与发展做出贡献。

(三) 工作的意义与目的

政睿达的企业哲学体系，明确了工作的意义与目的，以及实现这一目的的基础。度过美好人生是工作的意义与目的。实现这一目的有以下基础。

1. 以德立身

“顺道之谓德”[①]，道是宇宙意志，德是按照宇宙意志做人做事。“心存善念，天必佑之”[②]，就是宇宙意志，因此，想好事，做好事，就一定可以度过美好人生。

2. 孝为德之本

判断一个人的品德首先要看他是否孝敬父母，做政睿达人就要从孝敬父母开始。

3. 厚德载物

厚德载物在经典中的解释是“唯厚德者能受多福”[③]，反之就会“德不配位，

① 王国轩.2006.中华经典藏书——《大学》《中庸》.北京：中华书局出版社.
② 黄甫林.2012.增广贤文.广州：南方日报出版社.
③ 左丘明.1988.国语.上海：上海古籍出版社.

必有灾殃”①。在经营活动中被引申为“只有高尚的品德方可担当重任”,反之,如果德行缺失而被委以重任,一定会给事业带来损失。

4. 以德服人

先师孔子教导人们:“其身正,不令而行;其身不正,虽令不从”。这句话是说:当管理者自身端正,做出表率时,不用下命令,被管理者也会跟着行动起来;相反,如果管理者自身不端正,而要求被管理者端正,那么纵然三令五申,被管理者也不会服从的。正己化人,以身作则,这就是以德服人。

那么,什么才是领导者应具备的德?明代思想家吕新吾在《呻吟语》中提到:“深沉厚重是第一等资质;磊落豪雄是第二等资质;聪明才辩才是第三等资质”。三种资质依次代表了人格、勇气和能力,可见高尚的人格自古以来被认为是领导者最重要的品德。

三、建立政睿达商学院

政睿达是一个年轻的创新型企业,人员构成中80%是工程师和技术人员,平均学历较高、学习能力较强,这是企业在成为学习型企业的过程中许多其他传统企业所没有的优势。首先,政睿达把学习力作为企业的竞争核心,以及企业文化建设的根本。正是在这样的构思下,政睿达商学院应运而生,并成为企业向学习型组织迈进的核心力量。政睿达商学院这个核心目前发挥的作用,是通过对骨干员工和管理人员进行讲师培训,来引进学习型的管理与沟通模式,帮助员工懂得如何善于学习、自主管理,使政睿达逐步成为赋能的学习型企业。

商学院讲师培训营是政睿达举行的培养员工的系列活动。2016年的5次培训为学员们提供了经营哲学、领导的根本、演讲与表达技巧、成年学习者的特性、课程设计、互动式学习、销售技巧以及评估等课程。同时,在这些课程里还加入了团队建设、能量学说等重要的企业文化要素,帮助员工进一步认识和体现工作中生命的意义,以及学习与创新对企业的关键作用。

成为学习型企业的过程,也是政睿达向赋能型组织靠近的过程。在2016和2017年的多次培训中,员工们进一步体会到所谓赋能,即激发个人能量,提升员工的能量与气场,需要政睿达的每位成员都成为学习型人才;赋能,也是激发组织能量,企业即气场,企业的能量决定成败。通过提升政睿达每个个体的能量与学习力,就能提升企业场能,使政睿达成为赋能的学习型组织。

在培训过程中,大家还就企业运行碰到的实际问题进行讨论与交流,将运行

① 卫绍生.2010.国学经典:弟子规·弟子职·朱子治家格言.郑州.中州古籍出版社.

和管理流程的再造与优化作为下一步企业发展的重点，将提高管理与学习能力切实落实到实践中，通过管理效率的提高来进一步提升企业与员工的能量和气场，并通过增强管理程序与流程的合理性，来提高企业与员工的学习和纠错能力，提升企业的发展潜力、与应对竞争和经营风险的能力。

四、挑战

通过政睿达的企业哲学和文化体系的建立以及实践，看到了政睿达把赋能型学习组织作为企业的使命和目标、融入了企业文化与经营管理的内容和建设中。要成为学习型企业，企业建立相应的企业文化和经营理念，将学习型企业所要求的观念和行为落实到企业文化和制度要求中，是建立学习型企业必须迈出的第一步。但形成好的企业文化与制度的关键是落实，如果不落实，成为学习型企业只能停留在想法和口号上。

企业建立学习型企业文化，首先要与员工一起去明确他们工作和生活的目的与愿景，并将企业的经营发展与员工的个人发展、未来愿景结合起来。只有企业的这条大船与员工这些让船行驶起来的船员们有一个共同的发展与奋斗目标，企业的这条船才可能同舟共济，战胜风浪，走得更远，并到达成功的彼岸。

但在大多数企业，特别是私有和个体企业中，企业主有更大的生存压力和盈利要求。在企业经营管理中，要解决好企业长期发展的利益与企业的短期利益的冲突与矛盾，也要解决企业的短期行为与好员工的长期发展直接的冲突与矛盾。这会是对企业主以及企业管理层的一个现实而巨大的挑战。好的企业文化与经营理念的落地，首先依赖于企业主与管理层如何体现出行为与榜样的力量，特别在企业的发展遇到困难的时候，如何克制企业的短期行为。

学习型组织是一个在现代管理理论催生下出现的，更适合现代竞争的人性化的学习团体。企业在建立崇高而正确的核心价值和共同的信念与使命之外，同时需要建立一种更适合学习的组织模式，并应用新的组织架构和管理体系。从学习型组织的这些定义中，可以归纳出学习型组织三个层次的内涵：① 层次扁平化。在学习型组织中，已不存在各种等级制度，员工之间由原来的彼此顺从关系转变为伙伴关系。② 组织咨询化。整个组织是现代型的服务公司，员工之间彼此询问、学习，工作中为彼此提供服务，相互之间是服务与支持的关系。③ 系统开放化。组织本身形成了一个系统，而这个系统又只是社会系统的一部分，它能与社会有机地结合起来。

从实质上，这样的组织架构是传统企业人际关系的再造。平等、开放、融洽在这种学习型组织的架构中得到更多的体现，从而激活员工的主观能动性，让自己成为企业整体里流动着协作精神的一员，也成为一名学习型的人才。学习型人才的能力体现，并非局限于知识的更新。作为第五项修炼，成为学习型人才与学习型组织的核心，在于学习能力与自我修正能力的修炼与培养。只有围绕着这个核心，学习型的企业文化与使命才能在管理者与员工的共同学习、螺旋上升的过程中得以实现。

所以，建立学习型企业的文化和经验理念只是万里长征的第一步，接下来还有持续的克服学习障碍与不断地自我修正的过程，特别对于企业领导与管理人员，能否建立去等级化的管理架构，能否完善企业的决策机制，能否广纳贤言，让员工的利益与声音畅通地上传下达，能否克服学习障碍、接受有效的监督，并做到不断自我修正。这些都是对企业领导与管理人员的挑战。诚实、客观、尊重事实真相与民主管理的思维与行动力，是企业领导与各级管理人员需要持续不断自我警醒的修炼。

成为学习型企业，也需要政府、社会与企业一起，共同努力、相互作用，做好监督和完善。企业的文化好比土壤，实现学习型企业的目标就好比开花结果，如果有了学习型企业文化的土壤，但平时不浇水、不施肥，要结出想要的花朵和丰盛的果实是比较困难的。也就是说，如果只有企业内在良好的愿望，却没有外在环境的作用，包括政府以及社会资源的帮助，向学习型企业的目标持续努力与落实的过程中会存在着很多企业自身难以克服的困难，这要求在企业建立了相应的学习型企业的文化和制度后，积极发挥政府、协会和科研机构的力量，在以下方面发挥相应的作用：一是积极发挥政府的作用。很多的企业，特别是创新型企业，首先面临的是生存问题。政府在对企业的短期行为予以有效监督的同时，可以考虑对这些学习型企业提供产业扶持，以及经营上的奖励计划，让这些企业有更多的资源投放到发展学习型企业中来。二是积极发挥行业协会和学习型组织科研机构的作用。采用积分制代替评选制，定期公布企业发展学习型组织的情况，表彰、奖励企业取得的进步，积极推广优秀企业的成功经验，并将它们作为政府扶持及资助产业的有力依据。三是建立研究机构在定期追踪、监察企业发展学习型组织成效的机制，发挥科研力量帮助企业解决在发展学习型组织过程中遇到的问题和困难。

五、结论

“政睿达”三个字体现的是正己、睿智、达人，是政睿达哲学和文化的内涵和根本，也是企业幸福之源。让参与者达成共识，实现企业与员工愿景与价值观的统一，共同奋斗，实现目标，是企业的文化与经营哲学理念需要解决的问题。企业建立学习型组织，首先要建立学习型组织的企业文化和经营理念，让企业和员工自发地向学习型组织的目标努力。同时，企业管理层需要更新企业的组织架构和管理思维，持续自我修炼、不断反省、自我修正，学习型组织的企业文化和经营理念才能落地、生根、开花。同时，政府、社会要帮助与监督企业，使他们能切实实行、落实已经建立起来的企业文化与管理制度，做到从内到外、从土壤到外在环境，帮助企业在建立学习型组织的过程中解决问题、克服困难。这就要求企业通过自身制度的落实与接受外在监督同时并行，由内而外，达到学习型企业所要求的自我管理、不断创新、自我修正的目的，使企业进入不断学习、不断壮大与发展的良性发展循环。

品质新江湾　乐学一家人[①]

——新江湾城街道学习型社区建设案例

新江湾城街道正式成立于2003年，作为上海市第三代国际社区，是上海首批“智慧社区试点单位”，街道坚持把推进学习型社区建设作为区域可持续发展的强大动力，通过完善运行、健全保障、共建服务、资源整合等方式，着力打造品牌特色，将新江湾城建设成为务实创新、发展向上的学习型社区。街道注重学习型社区创建与社区管理、社区文明建设相结合，在不懈的坚持和努力下，新江湾城街道社区建设和文明程度不断提高，街道先后荣获“国际安全社区”“全国综合减灾示范社区”“上海市文明社区”“上海市数字化学习先进社区学校”“(2015—2016)上海市社区教育示范街道(乡镇)”等多项国家、市级、区级荣誉。

一、问题背景

新江湾城地处上海中心城区东北部，街道正式成立于2003年，行政区域8.67平方公里，2017年，居住人口5.35万。经过十多年的开发建设，已经建成一个“国际化、智能化、生态化”的宜居、宜业、宜创的“品质生活示范区”。

近年来，新江湾城进入了建设的攻坚期、人口的导入期和社会管理的发育期。在发展过程中，坚持把创建学习型社区建设工作作为区域可持续发展的强大动力，强化“党建引领、资源整合、服务居民”的意识，通过完善运行、健全保障、共建服务、资源整合等方式，着力打造品牌特色，将新江湾城建设成为务实创新、发展向上的学习型社区。

二、创建措施

(一) 注重领导，完善运行机制，提升学习型社区建设目标

1. 建立学习型社区建设三级管理网络

根据市委、区委、区政府的工作要求，街道社区教育委员会进一步完善街道

① 本报告由杨浦区新江湾城街道社区学校提供，执笔人：郭嵩。

社教委、社教办、社区学校三级学习型社区建设的管理网络，形成了“统一领导、分工负责、协调发展”的学习型社区建设的管理体制和工作机制。在年初制定学习型社区创建工作的各项计划，党工委根据计划每月召开例会，研究创建工作，制定切实可行的《推进学习型社区建设的实施意见》和《工作制度》。定期听取学习型社区创建工作专题汇报，并就重要工作进行专项研究，确保社区创建工作有序、顺利推进。

2. 建立健全相关管理制度

建立学习型社区建设档案管理制度和终身教育学习卡使用管理制度，完善各类教学台账，使工作做到制度化、规范化。加强社区学校师资队伍建设，配备专职管理人员 6 名，聘请招募学习型社区建设志愿者教师 115 名。充分挖掘社区资源，掌握社区人才情况，利用志愿者资源开设相关课程，逐步形成了以社区志愿者教师为主、外聘高水平教师为辅、市场配置教师资源为补充的社区师资库。充分发挥新江湾城学习型社区建设专家顾问团在学习型社区创建工作中的指导作用，设立了专项经费予以保障，做到资金、人员、活动保障“三优先”。

3. 广泛开展各类学习型组织创建活动

广泛开展学习型组织创建活动，形成学习型机关、学习型家庭、学习型居委、学习型楼组、学习型班队等学习型组织百花齐放的创建态势。结合区学习办两年一次的评选，进一步总结提高，在社区居委、楼栋、志愿者队伍、家庭、学习点班队、社区学校班级建立学习阵地。从而在辖区内掀起学习的高潮，做到“一花引来万花开，盆景变花园”。

(二) 注重投入，健全保障机制，改善学习型社区办学条件

为了满足社区居民对学习型社区建设的要求，街道将社区学校作为学习型社区建设的中心阵地，与社区文化活动中心、图书馆两个分中心，15 个居委学习点一起，形成全覆盖、多层次的“1－2－15”的学习型社区建设三级网络，实现“人人可学、处处可学、时时可学”的建设目标。

1. 社区学校建成智能化学习型社区建设中心阵地

2016 年 7 月，新建于国浩路的新江湾城街道社区学校正式运营，总面积达 1533 平方米，学校特别注重技术支撑，采用了智能教学管理模式。其配置包括标准舞蹈房、音乐教室、科普教室、多媒体云教室、形体健身教室、亲子中心、书法茶艺室、西洋画室、钢琴房等，并充分利用回廊墙面，采用传统展示与多媒体展示技术融合的方式，作为老年学校的展示窗口。突破传统社区学校的运行模式，成立了全区首家民办非企业学校。街道成立社区学校管理委员会，吸纳各界人士共同为社区学校出谋划策并监督星辰学校的运行。2016 年 6 月，街道和中福会

少年宫达成合作意向，全面引进中福会少年宫的优质青少年艺术教育课程，开设美术、音乐、舞蹈、多元智能、语言等课程共37个班级，优秀学员将优先被中福会少年宫小伙伴艺术团等专业青少年艺术团体录取。街道联合复旦化学系，为社区6～12岁的青少年开设化学实验课程；联合上海国际象棋俱乐部和胡荣华教育培训公司为青少年开设国际象棋和中国象棋课程。街道为社区学校聘请了上海市市级的高水平的古琴、吉他、茶艺、书画、插花、美妆、瑜伽、太极、摄影、舞蹈、沪剧、英语口语、制图神器PS等老师，共开设24个班级，以满足社区老中青人群的学习需要。星辰进修学校为社区提供全方位、全天候的优质教育服务，覆盖社区老中青所有年龄段。真正打造“‘时时学、处处学’的社区学校”。

2. 文化活动中心建成智能化学习型社区建设分中心

社区文化活动中心依托各会场功能，针对社区各类人群学习需求，着力打造特色品牌项目。举办“新城思享汇”精品培训讲座，如道德讲堂、育儿、中国梦旗袍秀、太极养生、音乐欣赏等讲座，吸引了大批老中青年居民；“小小地质家”科普讲座，吸引7岁以上儿童亲子参加；社区创新屋DIY体验课程由街道与北京寓乐世界教育科技有限公司共同举办，为社区4～12岁少年儿童量身定制“星辰小创客”课程、头脑OM课程和科普创新活动。

青春健康俱乐部是面向青少年服务的活动基地，特别设置了为6～12岁的青少年开展心理咨询的工作室，主要运用当前国际上很流行的沙盘游戏治疗，为青少年开展心理辅导服务。同时也开设“父母成长营”培训课程，提升家长言传身教的能力。周末趣味亲子“汇”，增进亲子之间的互动与沟通。

3. 新江湾城图书馆建成智慧图书馆

2015年11月投入使用的新江湾城智慧图书馆，以其清幽的阅读环境、智能化的阅读设备，成为新城内又一个学习、进修的好去处。目前藏书量已达21 500余册，馆内设有成人阅览区、外文阅览区、电子阅览区、儿童阅览区、影视视听区、办公区等区域，同时利用外部空间，建造室外休闲阅览区，使社区居民能够从阅读中体会到更多生活的乐趣，同时能从阅读中获得更多的思想火花和灵感。通过与上海图书馆合作，利用上图电子资源远程管理服务系统，为居民办理“一卡通读者证”，实现全市范围内通借通还。

图书馆把握“悦读”关键词，一年开展百余场活动，如“英文绘本阅读活动”，邀请外教授课，把小朋友请进图书馆，与复旦科技园、本溪路幼儿园、中福会幼儿园、时代幼儿园等辖区内多家学校合作“阅读小时光”活动；将名校师资请进社区，围绕“国学启蒙”“儿童绘本”“手工制作”等主题，打造“阳光课堂”阅读体验课。开馆一年半来，累计办理读者证4568张，借还书量38 700多人次，借阅量

135 000 余册。

(三) 注重优化，共建服务平台，完善学习型社区建设网络

1. 加强“点”“团”建设，方便居民就近学习

居委学习点是离老百姓最近的学习场所，也是居民家门口的学校。新江湾城有 15 个居委学习点，每个小区居民步行几分钟就能在教学点享受免费的社区教育，实现求学、求知、求美、求健的愿望。

社区学校强力推进居委学习点规范化建设，每月举办文教干部系列培训，开展“争先创优”活动；开展“示范学习点”评估验收活动，100％的学习点达标、20％的学习点成为区优秀示范学习点；每年开展学习点优秀课程、优秀学习小组评比活动，每年评出 15 门“优秀课程”、5 个“优秀学习小组”；指导培育居委学习点“一居一特”学习项目和活动项目，把家门口的课堂办好；15 个学习点开设综合课程 90 个班、学习小组及沙龙 54 个，每年有 5000 人次参与学习。引进区学习办和中国银行联合开设的金融讲座、杨浦区各大高校智慧课堂和大学生团队进居委学习点的一团一社课程，2016 年，15 名文教干部荣获“信息报道”优秀奖；2 个学习点被评为“上海市老年教育标准化学习点”。

2. 打造社区文化品牌为重点，进一步丰富社区各类学习载体

街道根据辖区高科技企业多、白领多、高学历居民多的群体特点，在睦邻中心功能设置上构建社区共同空间，打造“十五分钟学习生活圈”。2016 年，新江湾城街道进一步整合现有的文体活动项目，着力塑造“品质新江湾.文化四季行”这一特色文化品牌。活动分别于春夏秋冬四季开展，春季“文化传承”、夏季“品味书香”、秋季“炫彩欢动”、冬季“闻弦赏乐”，遵循“三区联动”多元主体——街道社区、园区、商区、营区、校区“五区”共参与，进一步团结社区各界人士的人心，凝聚辖区各企事业单位的力量，举办睦邻风筝节、悦读季、运动会、音乐节。四季文化五区行，让“国际化、智能化、生态化”的新江湾城在日益繁荣的文化学习中健康向上、乐学善学。同时街道也推动居委会“一居一品”全覆盖，推选“睦邻民星”，征集“睦邻名言”，举办各类联盟睦邻节活动，增强已建成的 5 个睦邻中心服务周边居民的辐射效应。

(四) 注重整合，搭建资源平台，推进学习型社区全员学习

1. “新潮”社区，学习型社区建设平台“与时俱进”

“观潮新江湾”APP 于 2015 年 12 月正式上线。围绕“便民、惠民、利民”目标，集社区党建服务、政务服务、文化服务和生活服务等功能为一身，使居民一打开 APP，就能一键了解丰富多彩的社区资讯，在线查询并办理社区事务，随时掌握公共自行车、智能售菜机的运行数据和使用方法，实时知晓区域气象情况，其

中，社区学校优质课程、中福会少年宫课程、“新城思想汇”公益讲座、“家有萌娃”“乐高公益”亲子早教服务、体验“亲子瑜伽”、“儿童英语小博士”活动等教育类信息的报名最受关注和欢迎。截至5月，APP下载量累计11 229次，累计注册用户7582人，总游客数16 014人。

打磨两个微信专业性版块。围绕平安社区建设及精神文化两大需求，街道积极发挥微信“小、快、灵”特点，在网络教育渠道上大胆求新。利用“平安新江湾城”微信公众号推送群防群治、平安建设、政法宣传、安全生产等信息，宣传安全防范、防盗防火和法律法规等知识，提高居民法治意识和安全防范技能，共建平安社区。截至5月，“平安新江湾城”已推送信息655条，关注人数3018人，点击数76 833次，点赞数4714次。

2016年9月诞生的“文化新江湾”微站则发挥新媒体优势，通过设施导航、活动预约、图书馆借阅查询等功能，使阅读推送、预约活动成为居民了解和参与社区文化活动的重要途径。据统计，“文化新江湾”关注用户年龄段分布集中在中青年龄段，女性约占70%，因此，关心社区教育信息的年轻父母成为主要关注用户，结合这一特点，微站专设“i·教育”栏目，集中发布社区学校课程及活动的预约信息，并将推送的侧重点放在社区教育和亲子活动上，“星辰小创客”、社区学校体验课等活动的参与名额一经发布就被居民“秒杀”。截至5月，“文化新江湾”关注人数超过6750人，平均每月涨幅超过13%，微站注册用户约1350名，活跃用户超过80%。推送135期共435篇信息，总阅读人次近16万人次。

2. 以主题教育为抓手，实现社区教育全员化

新江湾城街道积极开展各类主题教育活动，搭建社区学习节、新城文艺四季演、“一居一节”文体活动平台，吸引各年龄层次的居民参与，激发社区居民学习热情。2016年举办大型主题教育活动65场，参与居民达2万余人次，成为社区群众展示风采、提升自我的大舞台。一年一度的新江湾城社区学习节成为推进社区教育、深化学习型社区建设的重要载体。2016年第十届学习节，街道以研讨会、学习沙龙、学习展示、专题讲座等主要形式，举办各类活动13项，吸引广大社区居民及辖区内各中小幼学校、社区单位3000余人直接参与。从优秀团队展示、优秀课程评比到优秀教师事迹介绍，从颁发结业证书到组建学习沙龙，从学分兑换到评选优秀学员，从广场汇报演出到静态成果展示，3千余人参加活动。

3. 深化老年教育，创新发展模式

充分发挥老年协会的作用，使老年人做到“老有所教，老有所乐，老有所为”。在老年协会成立“乐龄诗社”、“公益联盟万年青艺术团”、“花鸟研习社”，定期到武警六中队、各居委学习点、同济第一附属中学进行时事政治教育和慰问演出。

开设戏曲沙龙、合唱团、舞蹈队、拳操队、象棋队等老年文体团队，并积极组织参加市区各项活动和比赛。针对老年人特点，开展元宵节猜灯谜、三八魅力女人节、清明缅怀先烈、放飞风筝、感恩母亲节、欢度端午、感恩父亲节、中秋团圆、孝亲敬老、重阳乒乓球赛等传统活动，极大地丰富了社区老年人的精神文化生活。新城文化四季演、“一居一节”活动更是老年朋友们展示才能的大舞台。街道风筝、健身气功、扁鼓、拳操、太极、广播操、木兰拳、各类棋赛等在市、区级有关比赛中分别获得一、二等奖。2016年，花鸟团队荣获上海市五星级优秀团队。多年来每季一期的《新江湾城老年报》也刊登了老年朋友的风采。

新江湾城街道始终依托社区文体团队的优质资源，打造“老少同乐”系列活动，使传统文化教育植根于未成年人。社区文体团队派出骨干队员深入各中小学进行传统项目指导，不仅丰富了学校第二课堂的内容，学到了课本外的技能，而且使同学们潜移默化地传承传统文化。每年一次的风筝节开幕式上“快乐学习、精彩人生”——老少同乐展风采活动吸引了千名居民驻足观看：复旦科技园的小学生和新江湾城老年社区风筝队的中老年队员同台制作形态各异的风筝作品放飞，从而使这项民间艺术得以传承。街道自编《风筝荟萃》《风筝的制作》等教材在《新民晚报》整版报道，并获得市先进集体的光荣称号。2015年，新江湾城街道为“风筝”非遗项目的传承搭建了富有成效的保护平台，2015年“海派风筝制作与放飞”成功申报为“区非物质文化遗产保护项目”；2016年申报的《海派风筝文化进五区，传承非物质文化遗产的实验》课题被立项为上海市重点实验项目；2017年在第十一届风筝节上进行了海派风筝文化融入五区的启动仪式，新江湾城把海派风筝文化带进了校区、社区、商区、园区和营区，更把文明融入五区，营造“同创文明城区、共建睦邻家园”的社区氛围。

三、创建效果

通过多年的建设，新江湾城街道已成为符合学习型社区建设发展要求、体制机制完备、队伍建设得力、经费投入有保障、学习活动蓬勃开展、社会资源有效整合与利用、社区教育进入良性发展的街道。学习型社区创建是一项社会性、综合性的系统工作，新江湾城街道将积极探索更多人群的组织学习模式，不断满足更多层面的教育服务需求，深化内涵，创新载体，培育品牌，为“国际化、智能化、生态化”的新江湾城共治之城添砖加瓦。让新江湾城在日益繁荣的文化学习发展中取得更大的收获，不断为“杨浦科创中心重要承载区”“国家创全示范基地”的建设做出更大的贡献。

四、思考启示

(一) 抢占创建学习型社区品牌的至高点,不断增强社区居民的归属感和凝聚力

可持续的学习型社区建设已形成新江湾城赋有特色的睦邻家园运行模式,五邻联盟品牌项目发挥广大居民群众的力量,唤醒邻里间的真心和真情,进一步打造和谐、友善、包容、互助的学习型社区建设睦邻家园。

(二) 把握创建学习型社区品牌的切入点,搭建多样化的学习平台

街道不断加大学习型社区建设投入力度,扩大活动面积,打造良好的社区文化学习交流区域,提升社区居民的科学文化素质和生活质量,构建"以社区学校中心阵地为主体;文化中心和图书馆分中心为依托;社区居委学习点、老年协会为基础"三位一体的社区学习型建设基地和网络,多层次、多形式地开展教育活动,掀起了全民学习热潮。同时街道继续扩大党建中心和睦邻中心的建设,并且坚持做到随时为社区居民开放,真正让居民拥有自己的学习空间和心灵乐园。

(三) 抓好创建学习型社区品牌的落脚点,让智慧化服务惠及每个居民

云端便利居民,智慧点亮生活。新江湾城街道重视智能化建设,采取以多元的智慧化手段来推动学习型社区建设。及时准确地把握居民需求,让居民无障碍地参与到新江湾的大家庭来,提高社区融合度;丰富学习型社区建设内容,将社区打造成新江湾人共同的心灵家园;将社区 APP 建设和睦邻中心、生活服务中心建设有机结合,完善机制,构建具有统一精神内涵和理念支撑的品牌化服务体系。相信在"国际化、智能化、生态化"现代社区的土壤里,每个居民的终身学习梦想都会发荣滋长!

(四) 提升学习型社区品牌的创新点,挖掘基地资源开创青少年科技教育活动平台

新江湾城街道正在努力打造西北部高校科技园区、世界级城市综合体相互串联融合的创新、创业、宜居新格局。街道配合学校教育,针对辖区内占人口比例比较高的青少年群体,在社区中广泛开展科普宣传和教育体验活动,引导青少年形成科学的思维方法和创新意识,学到其终生发展所必备的科学知识及技能,使青少年得到全面发展、主动发展。2015 年申报的市级课题《基于社区资源开展青少年体验式科技教育的实践研究》已完成中期报告。街道还将进一步拓展社区科普教育资源的功能,发展并巩固一系列优秀并广受青少年欢迎的科技创新课程或探究项目,使青少年的科普创新活动在新江湾城社区"茁壮成长"。

从团队学习到学习团队[①]
——上海市学习团队推进策略研究

一、学习团队及学习型团队的概念界定

道格拉斯·史密斯将团队定义为：由拥有共同目标的一小群人所组成，成员的技能能够互相补充，并有对此目标共同负责的态度，采用公认一致的方法来完成目标。组织行为学家斯蒂芬·罗宾斯提出，团队是由一群人所组成的团体。这个团体存在的目的是为了实现这群人的共同目标，需要这个团体中的个体通过互相协作才能实现该目标。Ron Faris 认为，学习团队是从社区到城市，用终身学习作为组织机制和目标来推动他们的经济、公共事务、自愿团体和教育等领域的合作，在可持续发展和包容的基础上推动社会、经济和环境的改善。肯思认为学习团队是指任何人群，无论因地理还是其他共同的兴趣联系在一起，通过积极的伙伴关系满足成员的学习需求。克劳切和坎迪则认为团队是生活的一种方式：工业、教育、商业和社区一起鼓励和促进全体成员的终身学习，它是一个整合经济、社会和环境发展的共同体。

目前，社区中普遍存在的学习团队形式是实践团队的一种，也是由具有共同兴趣的人群构成，并通过学习实践来组织活动、交流互动的群体。学习团队是在团队学习的基础上形成的。在我国，学习团队指有计划、有组织、有指导，定地点、定内容、定时间，借助于文化艺术、体育卫生、经济科普、时事政治等各类学习载体，在社区教育三级网络的层面上，以集体性的组织形式，运用社团、沙龙等互动型方式开展活动，具有自发形成、自愿参与、自我管理特征的，有一定凝聚力的，过程中体现学习与教育元素的非正式组织或群体。

学习团队常和另一个概念"学习型团队"混用。杜威在其《民主主义与教育》中认为，"学校即社会""教育即生活经历，而学校即社会生活的一种形式"，学校

① 本报告由上海市老年学习团队指导中心提供，执笔人：徐玉萍、沈启容。

并不是专门去学习知识或技能的一个场所，而是一个社会组织。在成人教育领域的“学习型团队”可以追溯到100多年以前瑞典的成人教育形式“学习圈”，它是由奥斯卡·奥尔森在1902年就倡导的一种“大众成人教育”形式，因参加者要坐成一个圆圈而得名。通常意义上的学习型团队主要是指一个由学习者与助学者共同构成的团体，他们具有共同的目标，经常在一定支撑环境中共同学习，分享各种学习资源，进行相互对话、交流和沟通，分享彼此的情感体验和观念，共同完成一定的学习任务，通过共同活动形成相互影响、相互促进的人际联系，并对这个团体具有很强的认同感和归属感。

本书认为，学习型团队是一个为共同完成共同目标，共享信息和其他资源，并按一定的规则和程序通过充分的沟通和协商开展工作的群体。与学习团队中兴趣性占很大比例不同，学习型团队更侧重知识性学习，知识管理是建设学习型团队的最重要手段之一。它不应该仅囿于学校领域内进行研究，作用范围还可以扩展到团队、社会等领域，团队内知识的建构不只是简单地听取他人的经验介绍，而是作为一个共同体成员，有着共同的学习愿望，具有特定的身份或角色，带着一种认同、归属心理积极负责地参与具体领域的实践活动。

目前，上海的市民学习团队已达到2万多个，活跃在全市4个市级老年大学和16个区的各个社区中。这些学习团队普遍经历了“零散的学习小组—政府组织学习—团队自主自治”的发展过程。不少学习团队已具有学习型组织的基本特征，正在引领更多的学习团队向学习型团队发展。

二、培育市民学习团队的现实意义

(一) 学习团队已经成为社区居民群体生活的重要平台

与带有强制性色彩的学历教育相区别，社区活动参与者中以老年人为多。老年人参与学习团队的目的更多是参与群体生活，以此证明他们在退休之后仍然与主流社会群体保持一致。在团队的群体生活中，老年人感受到安全感和愉悦感，并通过与同龄群体的交流，互相肯定自身价值与存在意义。

(二) 学习团队已经成为社区教育模式的重要变革

市民学习方式的变革，不仅是外在学习行为方式的变化，它更深刻地改变着人们的存在方式和发展方式。在传统的老年教育中，大量社区居民参加课程学习后，往往不愿意就此结束学业，因为他们所求的不是结业，而是人际互动和交流体验。市民学习团队在许多方面都顺应了这样的变革方向。首先是学习方向从传统的纵向知识传递转变为纵横交错的传递方式，形成立体网状结构的学习方式；其次是学习方式从被动状态转变为主动状态，学习者有更多的自主性与协作性；最后是学习过程从接受现成的知识转变为体验性学习，以互相交流的过程为主。

（三）学习团队已经成为定义社会价值规范的重要渠道

社区居民在团队中的互动交流，加强了自我行为规范，实践了社会主义价值理念，尤其是许多读报小组和政治理论学习小组，通过自我学习、向外传播、讨论交流等形式，定义和维护了社会主义核心价值理念，凸显了具有正能量的社会价值观。

（四）学习团队已经成为本市开展终身教育工作的一个成果展示窗口

几年来，各个区县已经培育出许多十分成功的学习团队，这些学习团队的活动成果十分令人敬佩。许多的社区居民在学习团队中表现出色，增长了知识，培养了才能，提高了素质，获得了成果。他们表演的节目、创作的作品、研究的成果等琳琅满目，得到了社会的认可，这也成为上海市多年来开展终身教育工作一个成果展示的窗口。

三、市民学习团队的发展现状——以本市老年学习团队建设为例

老年人是社区活动开展的重要参与人群，作为老年教育的一个重要载体——老年人学习团队，其发展已经步入良性循环阶段。对老年人学习团队的研究，可以对市民学习团队的发展有所了解。据统计，2011～2015年，上海市共培育认定老年学习团队12 609个，其中优秀学习团队529个，一般学习团队12 080个。按照平均每支团队25人计算，约有近30万老年人参加了团队学习活动，见表1。

表1　2011～2015年上海市老年学习团队培育数汇总表

时　间	市优秀学习团队（个）	市一般学习团队（个）	小　计（个）
2011年	100	739	839
2012年	100	2 172	2 272
2013年	103	2 720	2 823
2014年	117	3 497	3 614
2015年	109	2 952	3 061
合　计	529	12 080	12 609

根据2015年全市老年学习团队情况进行分析，按照读书、时事政治归文化

类，音乐、舞蹈、摄影等归艺术类，养生、健身操等归健身类，手工编织、时装等归其他类原则，共分出四大类老年学习团队。其中最受老年人欢迎的是艺术类和文化类团队，见表 2。

表 2　2015 年上海市老年学习团队分类汇总表

优秀团队类别	优秀团队类别数	一般团队类别数	总类别数
文化类	42	816	858
艺术类	45	1199	1244
健身类	12	793	805
其他类	10	144	154
团队数小计	109	2952	3061

上海老年学习团队主要体现出以下这些特点。

(一) 实现自我管理

首先是建章立制。如图 1 所示，全市有 45.29％的团队建立了章程，不少团队都有定期学习活动制度、例会制度、队员守则，年初有计划，年终有总结，有的团队还建立了队员档案。其次是选好领头人。

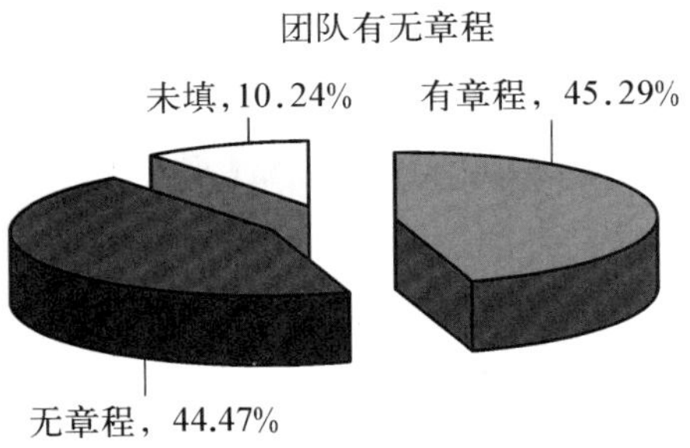

图 1　上海老年学习团队章程建设比例

奉贤区金汇镇推荐的几位德高望重且有较强组织能力的老年人担任队长或领队，将分散的晨练老人组织成几支健身团队，以便管理和指导。上海交通大学书法沙龙建立了沙龙核心组，负责集体活动的安排、处理日常事务、协调各方关系。一些团队还建立了党支部和实行党员负责制。虹口区嘉兴路街道“老年文艺团队”多年来坚持队委会制度，并成立临时党支部。团队的重大事项由队委会集体讨论通过。杨浦区殷行街道老年协会“欢乐大篷车”团队设党的工作小组组长兼队长 1 名，负责团队活动的开展，同时还建立了“三个一”运作机制，即一个领导层(由街道老年协会负责)、一个管理层(由团队队委会负责)、一个监督层(由党的工作小组负责)，保证了团队活动的正常有序。另外，需要明确学习目标。徐汇区长桥社区学校书画艺术队建立了三个目标：一是知识性目标，获得欣赏书画作品的知识，并能自己大胆创作。二是技能性目标，探讨学习和创作书画经验，磨炼现场创作的胆量，提高书画艺术技艺。三是情感性目标，领会蕴藏在书画中深刻的中国传统人文思想，激发爱美、爱生活的感情。

（二）注重提高水平

团队发展的关键在于能否聘请到具有较高水平的指导教师。嘉定区江桥社区合唱队自组建后，聘请了上海歌剧院女中音歌唱家李淑华任声乐辅导教师，使团队水平有了明显提高，该队参加了"上海市庆祝新中国成立60周年、纪念伟大史诗《黄河大合唱》诞生70周年万人大合唱"活动。其次是不断提高学习内容的层次。上海老年大学宝山分校瓷绘俱乐部每次活动都有一个主题，如怎样画好仕女图，怎样运用玻璃白，青花瓷技法交流，怎样勾好线条，怎样使瓷画具有水彩画、油画的效果等，使学员的水平不断提高。再次是注重学习内容的创新。黄浦区瑞金二路街道诗词沙龙为便于新队员学习格律诗的写作，在时任上海老年大学文学社社长、上海诗词学会资深会长的季肇伟的带领下，创造了"格律诗写作九字定位法"，使诗词初涉者能较快地掌握诗词写作的基础知识。这一方法得到了上海诗词学会专业人士的好评。

（三）自筹活动经费

团队活动经费来源大致有这几条途径：团队向相关部门申请一点，团队略微创收一点，向会员收取会费，一般以自筹为主，得到挂靠部门固定拨款的不多。汇总图显示，46.21%的团队活动经费靠自筹，见图2。奉贤区金汇镇社区老年体育团队按照"向政府申请点，向相关部门报一点，自己筹一点"的原则，重大活动开展时向镇政府申请经费，各支队伍通过为企业开张庆贺、表演节目拉点赞助费，为私人办喜事表演节目适当收些费用等途径来筹措活动经费，购置活动所需的器材。从总体来看，团队自筹经费有限，由于经费并不充裕，对活动开展有一定影响。尽管一些团队挂靠部门也尽量挖掘潜力拨出款项支持团队的发展，但依然难以满足团队活动开展的需要。

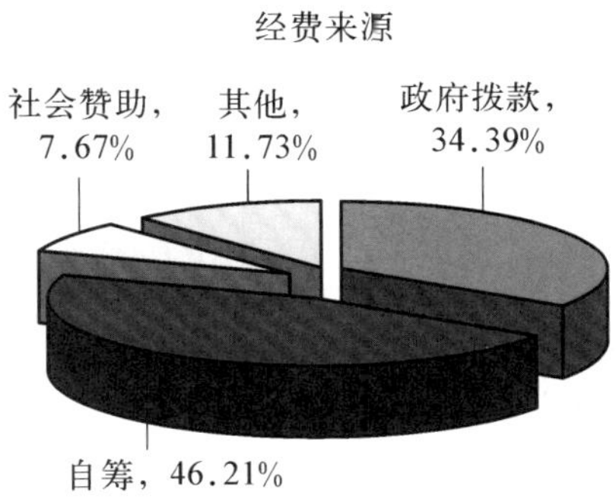

图2　上海老年学习团队经费来源比例

（四）拥有和谐氛围

团队学习除了聘请专业教师指导，相当一部分时间是队员之间以能者为师，通过互相帮教来进行学习，从而创造了一个能让老年人获得尊重、获得友谊的学习环境。普陀区曹杨摄影沙龙学员根据各人的特长，分别由学员承担"基础摄影”“PS 照片后期处理”“上网发照片”等专题的讲解。平时队员们相聚在一起,点评摄影作品,切磋摄影技艺,分享摄影带来的愉悦,沙龙犹如一个和睦温馨的大家庭。其次,一些团队平时还组织一些活动,以增强团队的凝聚力。嘉定区真新街道的“书香驿站”团队举办了队员作品朗诵会,太极拳队进行了学期末太极拳小组赛,摄影沙龙组织学员参观市、区各类摄影作品展,把团队建设成“健康乐观的老年群体,勤奋进取的学习团体,团结友爱的和谐集体”成了许多老年人学习团队的共同目标。另外,一些团队还建立了互相关爱的制度。虹口区嘉兴路街道老年文艺团队建有“队员大生日祝贺”和“病号探望”制度:每年 6 月中旬为年满 50、60、70、80 岁的队员祝寿,请街道有关领导参加,吃上一碗长寿面,送上一句祝福语,使每个寿星倍受感动;凡住院、开刀、骨折的队员,队委会均会上门探望。团队队员感受到了一种家的温馨。

(五) 增强服务辐射

团队在通过学习实现老有所学、老有所乐的同时,不忘老有所为——服务社会,传授技艺。一是为附近几个社区居民提供咨询、服务。二是开设讲座,宣传保健知识。三是结合大型服务活动,如社区里为老年人现场进行测血糖、量血压、诊脉等服务。四是结合居委会分校教学活动开设刮痧保健课程。五是与社区内有需求的独居老人结对,开展为老服务活动。

四、上海学习团队的主要推进方式

2013 年 7 月,由普陀区老年教育小组办承办的上海市老年人学习团队指导中心正式成立。作为上海老年教育支持服务体系之一——上海市老年学习团队指导中心,用新理念引领新实践,坚持整体规划和重点推进相结合的工作原则,不断创新思路,优化模式,引导市民从组织学习走向学习组织。

(一) 以标准为引领,促进团队梯度式发展

组织专家研制《上海市星级老年学习团队建设标准》,坚持发展性原则、指导性原则、示范性原则、科学性原则和通俗性原则五大原则,明确不同星级团队建设的核心内容和分级要求,并确定市级老年大学和各区的团队培育计划数。通过“并轨”“申报”“认定”三个步骤,稳步做好新、老学习团队的延续、培育和发展。

委托上海市教育评估协会,分层次认定老年星级学习团队。经评定,一星级老年学习团队 2198 个,五星级老年学习团队 107,超出原定计划数 10%左右。

(二) 以平台为依托,促进团队多元化发展

与上海市开放大学联手,建立“上海老年学习团队在线资源”平台,初步建成集学习团队在线学习、展示、交流、团队创建、评估等于一体的管理服务体系。

开辟老年学习团队建设网络申报平台，建立老年学习团队网上申报与评价认定系统。有计划地对学习团队的管理人员、团队负责人及业务指导员进行网上申报评价等实务操作专题培训，编印《上海老年学习团队在线平台用户手册》，提高团队负责人的网上操作能力。各级老年学校、社区学校和居委学习点可以组织学习团队进行网上报名，各学习团队也可以自行网上申报。

此外，还组织开展为时两周的“百个五星级团队点赞活动”。各区热烈响应，踊跃参与，参与点赞达254万票。

(三)以组团发展为手段，促进各区团队的跨界合作

挂牌成立宝山、徐汇、黄浦和松江四个区为“上海市老年学习团队孵化区”，本着“组团发展、联盟推进、项目支撑、经验共享”的16字工作理念，构建起覆盖本市的老年学习团队建设互联网。

1. 学习团队孵化区分布

徐汇孵化基地：徐汇区、市老干部大学、市老年大学、市老龄大市退休职工大学。

黄浦孵化基地：黄浦区、长宁区、新静安区、普陀区、虹口区。

宝山孵化基地：宝山区、杨浦区、浦东新区、嘉定区、崇明区。

松江孵化基地：松江区、闵行区、青浦区、奉贤区、金山区。

2. 学习团队孵化区工作职能

一是培育新团队；二是培训团队领袖；三是打造精品团队；四是搭建交流互动平台；五是汇集优质学习资源；六是辐射团队经验；七是跨区学习分享；八是开展专题研究。

3. 学习团队孵化区工作成效

形成上海市老年学习团队推进1+4的新格局；形成上海市老年学习团队发展的新机制；营造上海市老年学习团队发展的新氛围；激发社区居民参与团队学习的新动力。

(四)实施“老年学习团队领袖培训工程”

一是与中国银行合作，开展“中银常青树”金融常识课程进社区暨金融知识传播者培育项目。通过教育培训、专题讲座和知识竞赛等多种方式，编印《“中银”金融知识300问》发放给社区居民，将中国银行多年积累的适合市民学习的金融常识开发成社区教育特色课程，将课程推送到112个市区级老年大学或街镇老年学校、居村委学习点，参与培训的居民达万人。为市民组建金融类学习团队，更好地科学理财、安全理财提供教育服务。

此外，在全市范围内组织开展评选表彰2016年“中银常青树”金融知识传播

者先进单位和个人的活动。通过自下而上的专题培训，依照准入条件，逐层选拔，产生112名常青树金融知识传播者。比原定计划数(80人)超出40%。

二是与市开放大学、孵化区联手，举行团队网络平台专题培训。对200名团队管理者进行培训。

(五) 打造有影响力的团队活动品牌项目

承办2016年“全民阅读·终身学习”——“品读人生·品质生活——上海市民学习团队主题读书活动”。申报的“品读人生·品质生活——上海市民学习团队主题读书活动”被评为第十八届上海读书示范项目。以《品读人生·品质生活——上海市民学习团队巡礼》专题片形式在4月22日上海市读书节开幕式上播放。举行上海市团队学习主题活动暨悦读修身名家讲坛。

与静安区学习办合作举行“书香团队”市民摄影大赛，评选出一、二、三等奖等不同奖项予以表彰。与嘉定区学习办合作举办“书香团队”市民故事征文大赛，编印优秀征文集。

各区纷纷响应，列出“书香团队”活动菜单，举行大大小小的主题活动逾千场，参与活动的居民数十万人，营造了浓厚的团队学习氛围。

(六) 开展有深度的学习团队理论研究

团队指导中心注重理论研究，与市教科院合作开展《学习团队推进策略及案例报告》的课题研究，与香港、台湾学者合作开展《老年学习团队发展理论及其应用》等专题研究，将国内外前沿理论指导团队发展，真正形成具有上海特色、社会要素、团队特点的学习团队理论框架，推进本市老年人学习团队纵深发展。

围绕“关于老年学习团队培育模式的研究”的研究主题，通过召开专家咨询会，确定了研究老年学习团队培育工作课题的方向，从培育角度、培育阶段、组织内涵三方面对全市老年学习团队进行了分析研究，为培育更多的老年学习团队寻找策略、方法和途径。各单位积极参与，共收到市级老年大学和区县申报的子课题24份。2015年10月，结集出版的《从组织学习到学习组织——上海市民学习团队模式研究》，受到深圳、广东、内蒙古等省市的一致好评。

五、市民学习团队迈向学习型团队的发展思路

市民学习团队，作为一个有共同目标、共享信息与相关资源，并按一定的规则和程序，通过充分地沟通与协商，开展学习活动的群体，知识融合与知识管理是市民学习团队存在与发展的最重要手段。在市民学习团队生成与发展过程中，普遍经历了“零散的学习小组—政府组织学习—团队自主学习—学习型组织”的发展历程。以项目为引领，开展课题研究，积极推进市民学习团队向学习

型团队转化和发展，掌握学习型团队的基本特征，努力探索优化学习型团队发展的措施和路径，为学习型组织建设奠定基础。

(一) 学习团队的基本特征

第一，成员要有共同目标。团队的存在是为了实现共同的目标，目标为团队存在的基础。

第二，成员的技能存在差异并相互补充。团队成员为了共同的目标而相互依赖。相互依赖是团队合作的标志，也说明团队任务不是靠个人就能完成的。

第三，团队有约束力而且在一定时期内保持稳定，即团队成员的角色在一定时间内是一定的，成员受到团队活动规则的相关约束。

第四，承担相互责任。

第五，团队是一小群人，成员在2个人以上。

(二) 学习团队的主要类型

聚焦市民学习团队的学习动机、发展动力及运行模式，发现目前上海市民学习团队呈现出不同类型与模式的特点。归纳起来，有十二种类型。

(1) 兴趣爱好型学习团队。

(2) 陶冶情操型学习团队。

(3) 保健养生型学习团队。

(4) 职业发展型学习团队。

(5) 个人成长型学习团队。

(6) 交友联谊型学习团队。

(7) 群体生活型学习团队。

(8) 服务社会型学习团队。

(9) 文化传承型学习团队。

(10) 社会治理型学习团队。

(11) 代际沟通型学习团队。

(12) 中西交融型学习团队。

(三) 学习团队向学习型团队转化的发展策略

1. 要顺应和引导社区成员的发展需求

社区成员有着表现自我的欲望，有追求休闲生活、参与社会活动的需求；有着基于利他的欲望，通过给予别人而充实自己的需求；有着希望自己的能力影响社会，产生有意义变化的需求；有着更加深入了解生命意义，趋向内省式的思考的需求；有着应对自身生存的需求。

学习团队的成长，要充分掌握和了解社区实际以及各类人群的不同需求，因地制宜和因人制宜地组成学习团队，学习团队才能够顺利发展。如宝山、崇明、徐汇等区县开展老年学习团队科研工作，关注学习团队培育的过程。崇明县成立了老年人学习团队联盟，依托社团组织，加强学习团队的培育。静安区结合区域人口结构的特点，着力打造白领学习团队。

2. 要鼓励不同人群以不同方式参与

一个有活力的学习团队，不论有计划形成还是自发产生的，都会有一个组织活动、联系成员的"协调员"；同时，团队中的其他人也承担不同的角色。通常学习团队成员的参与可分为三个主要层次。

第一个层次是一小部分核心组的人，也可以说是团队领袖或骨干。他们是团队的心脏。如指导中心以创建工作坊为抓手，重视团队领袖的培养，团队领袖素质显著提升。奉贤区金汇镇推荐出几位德高望重且有较强组织能力的老年人担任队长或领队，将分散的晨练老人组织成几支健身团队，以便管理和指导。第二个层次是核心组外边的一层积极组。这些成员定期参加学习，比较投入团队活动。如上海交通大学书法沙龙建立了沙龙核心组，负责集体活动的安排、处理日常事务、协调各方关系。一些团队还建立了党支部和实行党员负责制。第三个层次是不固定参与群体。有时候会因为一些外在原因，没有规律地参与团队学习。

3. 要实行自主运作和自我管理

首先，团队学习有计划，团队培育有明确规划。其次是建章立制。据统计，上海认定的老年学习团队，有 45.29% 的团队建立了章程，不少团队都有定期学习活动制度、例会制度、队员守则，年初有计划，年终有总结，有的团队还建立了队员档案。虹口区嘉兴路街道"老年文艺团队"多年来坚持队委会制度，并成立临时党支部。团队的重大事项由队委会集体讨论通过。松江区在每个老年学校都配备了老年团队专管员。最后是明确学习目标。

4. 要不断充实与丰富学习内容

学习团队的学习内容要随着生活而改变，随着活动的时间、次数、参与者的状况与需求等进行调整，呈现开放性的特征。学习参与者的"差异"，如不同的背景、年龄、生活经历等诸多方面，皆能为团体学习带来多元广泛的元素。这些差异，成为社区学习团队的学习优势。

5. 要充分体现成员和组织的价值

学习团队是一个动态变化的概念。它是一个组织及成员不断学习、转化和发展的过程，因而学习团队也是一个组织成长的过程。学习团队要有学习成效。其成果反映为成员的知识、思想、技能或者行为得到提升，自身价值得以体现。

如嘉定区真新街道的“书香驿站”团队举办了队员作品朗诵会，太极拳队进行了学期末太极拳小组赛，摄影沙龙组织学员参观市、区各类摄影作品展，把团队建设成“健康乐观的老年群体，勤奋进取的学习团体，团结友爱的和谐集体”成了许多老年人学习团队的共同目标。杨浦区延吉新村街道老年刮痧保健班经常深入社区，为社区居民开设讲座，宣传保健知识，开设刮痧保健课程；结合大型服务活动为老年人现场进行测血糖、量血压等为老服务活动。嘉定区新城路街道老年自行车骑游队配合区、镇、街道工作，进行各种骑游宣传活动，先后为嘉定区水务局做“保护水资源”和为“国际禁毒日”做禁毒等骑游宣传。宝山区天馨摄影沙龙主动为小区的高龄、残疾、孤寡老人拍摄金婚纪念照或标准像，满足了这些行动不便但又想拍照留念的老人的愿望。宝山区宝林五村巧手妈咪编织队在汶川大地震发生后，为灾区儿童编织了新毛衣 102 件，后又为小区离休干部、70 岁以上老党员及处于弱势的老人编织帽子 100 多顶、袜套 220 双，受到居民的高度赞扬。嘉定区徐行经济城风筝队走进同济大学、华东政法大学、徐行小学等学校，辅导风筝活动的相关知识、扎放风筝的技巧，还将有关知识编写成社区教材，在全市推广。

6. 要创新虚拟社区的团队活动形式

随着网络应用的普及，互联网技术为市民学习团队的组织提供了更便捷的技术路径。传统的社区定义所体现出来的特性在今天实体性的地域社区中越来越不明显，反而在互联网造就的虚拟社区中更为突出。人们会因为共同的兴趣爱好聚拢到一个论坛、qq 群或者微信群中，进而发展到线下的活动。基于虚拟社区的团队学习是指，将教育虚拟社区作为平台和促进性工具，为团队成员提供网上学习交流的虚拟空间，在这种环境中团队成员通过开放型的交流，发现问题、互相学习、取长补短以达到共同目标，发展团队成员整体合作与实现共同目标能力的过程。它与传统团队学习最大的区别在于充分使用通信技术网加强联系，跨越时间、空间以及组织的边界，学习者之间在虚拟社区中的交流互动，使得有价值的信息得以积累，经验得以积聚，因此基于虚拟社区的团队学习已成为数字化环境中越来越受欢迎的崭新的学习形式。

在社区居民自发组织的各类文体活动中，互联网已经成为重要的通信联络工具、情感交流平台，互联网为社区团队的组织运作提供了广阔的发展空间。如上海市普陀区筹建起普陀区终身学习推进网，吸引了近千名社区居民参与志愿者行动，重在宣传、推介、组织、运作社区教育课程和活动，他们的工作风采、心得体会、经典案例以及各类学习资源都可以在网站上沟通交流，受到了广大社区居民的欢迎和支持。网站还具备站内通信功能，居民之间可以经常互通信息，交流体会,也有不少居民相约在线下见面交流。

互联网的应用逐渐普及,它已经从单纯的技术手段转化为日常生活的一部分。起初,互联网或许只是教育的手段,但现在它已是学习本身。社区教育的课程中,计算机操作、互联网应用、网上购物等课程永远是居民趋之若鹜的内容。不过,无论网络还是其他知识门类,都是服务于改善人类生活这一终极目标的。社区居民通过网络互相认识、联系,乃至组织活动,变得更加方便;通过网络互相交流、沟通,乃至组织讨论,变得更加快捷。互联网促进了自组织社区教育形态的发展,推动了社区教育自我组织、自我管理和自我运作。

参考文献

2016.关于新形势下党内政治生活的若干准则.北京：人民出版社.

2016.胡锦涛文选：第3卷.北京：人民出版社.

Ron Faris. 2001. The way forward：building a learning nation community by community，University of Toronto.

本书编写组.2009.党的十七届四中全会《决定》学习辅导百问.北京：党建读物出版社.

彼得·圣吉.1998.第五项修炼——学习型组织的艺术与实务.上海：上海三联出版社.

彼得·圣吉.2002.变革之舞——学习型组织持续发展面临的挑战.上海：东方出版社.

彼得·圣吉.2002.第五项修炼·实践篇——创建学习型组织的战略与方法.上海：东方出版社.

彼得·圣吉.2009.第五项修炼——学习型组织的艺术与实践.北京：中信出版社.

曹永菊.2005.试论学习型高校及其创建途径.江苏高教，(6)：55－57.

郝怀民.2010.关于对创建学习型企业的经验和问题探讨.化工管理，(8)：78－82.

郝克明.2006.跨进学习型社会.北京：高等教育出版社.

何祥林.2015.建设马克思主义学习型政党研究.北京：人民出版社.

黄甫林.2012.增广贤文.广州：南方日报出版社.

黄蓉生.2010.加强高校学习型领导班子建设.高校理论战线，(5)：16－20.

贾海峰，席艳芳，范桂梅.2013.创新人才发展体系，造就高素质职工队伍.中国冶金教育，(06)：50－53.

康沛竹.2011.马克思主义学习型政党建设问题研究.北京：北京大学出版社.

李艳，段敏.2016.关于构建学习型组织的探讨.自然科学：文摘版，2：267.

连玉明.2003.学习型城市.北京：中国时代经济出版社.

连玉明.2003.学习型企业.北京：中国时代经济出版社.

连玉明.2003.学习型政府.北京：中国时代经济出版社.

连玉明.2004.学习型社会.北京：中国时代经济出版社.

连玉明.2004.学习型政党.北京：中国时代经济出版社.

刘菲.2006.学习型组织研究.东南大学学报(哲学社会科学版),(s1)：78－79.

刘文芳.2012.学习型教学团队对教师专业发展的价值.山西财经大学学报,(s4)：178.

马克思,恩格斯.1995.马克思恩格斯选集：第2卷.2版.北京：人民出版社.

迈克尔·D·波顿.2003.大话管理100年.北京：中国纺织出版社.

上海明德学习型组织研究所,上海市测绘院.2000.各国学者论学习型组织.上海：世界图书出版公司.

上海市推进学习型社会建设指导委员会办公室.2008.长三角地区创建学习型组织理论和实践探索文集.上海：上海人民出版社.

斯蒂芬·P·罗宾斯.1998.组织行为学.7版.北京：中国人民大学出版社.

宋子傲.2016.学习型组织理论下企业人力资源管理创新对策探讨.人力资源管理,(4)：59－60.

孙光骏.2005.检察之魂.北京：中国方正出版社.

童潇.2004.走向学习型社会——社会发展的第四级台阶.上海：上海三联书店.

瓦特金斯,马席克.2001.21世纪学习型组织.上海：世界图书出版公司.

王国轩.2006.中华经典藏书——《大学》《中庸》.北京：中华书局出版社.

王红云.2009.英国学习型城市建设机制研究.首都师范大学硕士学位论文.

王丽丽.2007.忠诚求实开拓——中共上海市委党校党建工作研究文集.上海：上海人民出版社.

王文静.2009.走向学习共同体：社区团队现状及发展研究—以上海C社区为例.华东师范大学硕士学位论文.

王燕文.2004.学习型组织建设与评估.北京：社会科学文献出版社.

卫绍生.2010.国学经典：弟子规·弟子职·朱子治家格言.郑州：中州古籍出版社.

吴春明.2012.高校学习型科研团队的绩效提升关键影响因素与作用机理.科技管理研究,32(14)：157－160.

习近平.2013.在中央党校建校80周年庆祝大会暨2013年春季学期开学典

礼上的讲话.北京：人民出版社.

习近平.2014.习近平谈治国理政.北京：外文出版社.

于景森.2009.学习型政党研究：关于中国共产党建设学习型政党的历史、理论与实践.北京：人民出版社.

云电文库·系列丛书0306.赴未来之梦——愿景发布会资料汇编.

张声雄.2000.二十一世纪管理模式.上海：上海科学技术文献出版社.

张声雄.2003.如何创建学习型组织.北京：中国社会科学出版社.

张燕婴.2006.中华经典藏书——论语.北京：中华书局出版社.

张奕，吕芳.2010.基于学习型组织理论的高校教师培训绩效模式研究.开放研究，(2)：159-160.

赵建平.2016.党支部如何把“基础在学”落到实处.上海支部生活，8期下：42-43.

赵幼华，吴小芸.2005.愿景创造——云南电网公司：思想与实践的协奏.上海：上海科学技术文献出版社.

中共上海市市级机关工作委员会，上海市机关党建暨思想政治工作研究会.2011.实践与思考——2010年度上海市机关党的工作研究文选.上海：上海文艺出版社.

中共上海市市级机关工作委员会.2012.学习型党支部建设实例.上海：上海文艺出版社.

中共上海市市级机关工作委员会.2013.超越——上海市机关学习型党员实录.上海：上海文艺出版社.

中共中央宣传部.2016.习近平总书记系列重要讲话读本.北京：学习出版社，人民出版社.

左丘明.1988.国语.上海：上海古籍出版社.

编后记

由上海市教委终身教育处牵头与指导、上海市教科院职成教研究所具体负责、各方通力合作的“上海推进学习型组织创建的策略研究”项目终于结项了。值此成果付梓之际，谨向参与项目研究的各有关单位和个人致以衷心的感谢！

在项目研究与书稿编撰过程中，华东师范大学高志敏教授、上海开放大学党委宣传部杨晨部长作为特邀专家，全程参与了项目及其成果的策划与指导；市教委终身教育处全程参与项目的研究与有关协调工作；市教科院职成教研究所胡丽亚作为项目主管，承担了项目运作和书稿编撰的大量具体工作。在此一并致以谢忱！

限于编者水平，书中难免存有疏漏，恳请读者批评指正。

编者

2017 年 3 月